LOCUS

LOCUS

LOCUS

LOCUS

在時間裡，散步

walk

walk 022

有品社會

作者：阿維賽・馬格利特 Avishai Margalit

譯者：黃勝強、許銘原

責任編輯：林盈志

封面設計：陳恩安

內頁排版：江宜蔚

校對：呂佳真

出版者：大塊文化出版股份有限公司

台北市 105022 南京東路四段 25 號 11 樓

www.locuspublishing.com

讀者服務專線：0800-006689

TEL：(02)87123898 FAX：(02)87123897

郵撥帳號：18955675　戶名：大塊文化出版股份有限公司

法律顧問：董安丹律師、顧慕堯律師

THE DECENT SOCIETY

by Avishai Margalit and Translated by Naomi Goldblum

總經銷：大和書報圖書股份有限公司

地址：新北市新莊區五工五路 2 號

TEL：(02) 89902588　FAX：(02) 22901658

初版一刷：2020 年 7 月

定價：新台幣 400 元

ISBN：978-986-5406-90-5

有品社會

THE DECENT SOCIETY

阿維賽・馬格利特
Avishai Margalit

黃勝強、許銘原　譯

獻給

米拉（Mira）、
約坦（Yotam）、他瑪（Tamar），
以及 露絲（Ruth）

目次

有品社會

前言

大約二十年前，我到機場為西德尼．摩根貝沙[1]送行。在貴賓室，我們一邊等著登機，一邊討論我們兩人都深有體會的羅爾斯（John Rawls）的正義理論。臨行前，摩根貝沙對我說，也是對其他旅客說，當務之急並非是建立「正義社會」（just society），而是建立「有品社會」（decent society）。我迄今也還不確定他這句話的含義，但使我牢記於心。本書正是給摩根貝沙這句名言的獻禮。我從摩根貝沙身上獲得很多的哲學學識和鼓舞激勵。

有品社會的概念深深吸引了我，但多年來我都未能賦予其更多的含義。在與被佔據領土正在爭取民族自治抗爭（the Intifada）的巴勒斯坦人的談話中，在與從解體的共產主義陣營國家前來以色列的新移民的交流中，我逐漸感受到榮譽和羞辱在人的生活中的中心位置，並因此感受到把榮譽和羞辱的概念引入政治學的重要性。因此誕生了這個思想：有品社會就是不羞辱人

---

1 西德尼．摩根貝沙（Sidney Morgenbesser），哥倫比亞大學哲學教授。（本書的註釋未標示者為譯註及編註，原作者所加之註釋會加標示為「原註」。）

的社會。

然而，本書並不討論巴勒斯坦人的暴力反抗，也不討論共產主義陣營的解體，這些只能作為一種說明。但本書是寫給我心中的以色列讀者，而且使用希伯來語寫成。正是大衛・哈特曼（David Hartman）等人使我相信，有品社會概念的傳播對象也許不僅限於希伯來讀者。在他的積極鼓勵之下，並且通過他所主持的位於耶路撒冷的沙洛姆哈特曼學院（Shalom Hartman Institute），本書得以譯成英文。翻譯工作主要由納歐米・高布倫（Naomi Goldblum）承擔，其無私的奉獻使這項任務得以完成。

閱讀過本書各版初稿的朋友們給予了我極大的幫助，我在此感謝以下各位：瑪婭・巴爾－希勒爾（Maya Bar-Hillel）、摩希・哈伯托（Moshe Halbertal）、大衛・海德（David Heyd）、約瑟夫・拉茲（Joseph Raz）、麥克・沃爾澤（Michael Walzer）。我的妻子艾德娜・烏爾曼－馬格利特（Edna Ullman-Margalit），作為我的生活伴侶和工作搭檔，她不僅在大層面，而且在許多小細節上都給予我很多幫助，光感謝不足以表達我的感激。

多家學院也幫助了我。我作為訪問學者所在的牛津聖安托尼學院（St. Antony's College）為我提供了一個有品的社會環境來撰寫本書的大部分內容。耶路撒冷的范李爾學院（Van Ler

Institute）令人愉悅的圖書館讓我多年來在那裡度過了絕大部分的睡眠之外的時間，使我得以寫出更多東西。耶路撒冷希伯來大學理性及互動決策中心（Center for Rationality and Interactive Decisions）為我提供了各種支援。本書最後的修飾是在我位於漢普斯德（Hampstead）的朋友艾琳和阿爾弗萊德·布倫德爾（Irene and Alfred Brendel）溫暖美好的家中完成的。我感謝他們每個人。

這不是一本教科書。本書各章節的長度與其重要性無關，只表達我對有關問題的感受。我相信書中的每句話都是真實的，但我也相信有些話不一定正確。這種狀態被哲學家們稱為序言悖論。無論這一悖論處在什麼邏輯狀態，這顯然如實反映了我的狀態。

我寫本書的目的出自於信念，但信念不能使人免於犯錯，反而會增大犯錯的可能性。我並不懷疑這本書會有脫誤，但我希望它包含著足夠的真理。

一九九五年八月於耶路撒冷

昨夜，酋長提著燈走遍全城，邊走邊大聲呼喊：

「我厭倦了當野獸和魔鬼，我現在想要當人！」

——魯米[1]

---

1 魯米（Molan Jalaluddin Rūmi, 1207-1273），伊斯蘭教蘇菲派神秘主義詩人、教法學家，在波斯文學史上享有極高的聲譽。

導論

什麼是有品社會？我給出的答案大致如下：有品社會就是其社會組織不羞辱人民的社會。我不認為有品社會與文明社會相同。文明社會是成員之間互相不羞辱的社會，而有品社會則是社會組織不羞辱人民的社會。舉例來說，根據這種思路，我們可以認為共產主義制度下的捷克斯洛伐克不是一個有品社會卻是一個文明社會；而如果把捷克共和國想像為有品多於文明的社會，也並非自相矛盾。

可用兩種方法來描繪社會組織：一種是抽象的方法，透過它的運作規則和法律制度來認識它；另一種則是具體的方法，主要觀察它的運行方式。同理，我們可以把組織的羞辱分為法律的（如紐倫堡法案[1]或其他種族隔離法所規定的）和運行方式的（如一九九一年洛杉磯警察毆打黑人羅德尼・金〔Rodney King〕）兩種。在組織的運行方式中，非文明的社會和非有品的社

1 紐倫堡法案（Nuremberg Laws），法西斯德國一九三五年通過的歧視猶太人的法律。

會兩者界線非常模糊。我對組織的關注集中在其運行方式的層面上，因此本書中經常混淆這兩個概念。然而，即使運用於特定情況中的區別有時不清晰，但這種區別還是有價值的。文明社會的理念是微觀倫理概念（microethical concept），探討個人之間的關係；而有品社會的理念則是宏觀倫理概念（macroethical concept），則是把社會當作整體的設定。

有品社會的概念可用另一些定性的詞語來比較對照，例如把堅守正當程序的社會稱為正當社會（proper society），把保護其公民名望的社會稱為尊重人的社會（respectable society），但有品與正義這兩類社會則是最重要的比較。理清有品社會的概念，不僅要求說明有品社會與非有品社會之間的明顯區別，而且要把它和別的與其對立或互補的社會概念相比較。除正義社會外，我沒有明確地把有品社會的概念與其他可替代的社會概念相比較，但我提到了比較的可能性，希望能夠在全書中闡明它。

本書第一部分用來討論感到被羞辱的理由。我從兩個極端的主張入手：一個是無政府主義（anarchism），認為管制組織的存在本身就是感到被羞辱的理由；另一個是斯多葛主義（Stoicism），認為沒有一種管制組織能提供感到被羞辱的理由。我認為，管制組織不一定就會羞辱人民，但它有能力這樣做，因此，這兩種極端的觀點我都不贊成。

我認為，有品社會的概念並不一定與權利概念相關聯。一個社會即使沒有權利概念，也可以培育與有品社會相適應的榮譽和羞辱概念。有品社會中的榮譽感就是自尊的理念，相對於自豪和社會榮譽。

本書第二部分討論尊重人的合理性解釋。我提出三種道理。第一種是正面的，這種道理的依據是一種人的共同特質，這一特質使人值得被尊重。第二種道理是懷疑論的，質疑這一特質是否存在，認為尊重來自尊重的態度本身。第三種道理是否定性的，認為對於尊重人來說，不存在任何肯定的理由，甚至質疑的理由也沒有，只存在不羞辱人的道理。

本書第三部分討論把人排除出人類共同體，和使人喪失對自己的基本控制這兩種羞辱概念。我將說明這兩種羞辱如何在社會環境中具體地表現為否定那些展現人性的特定生活方式。第四部分討論在有品社會中重大社會制度（如涉及社會福利或懲罰的社會制度）的運作方式，我無意討論所有的社會制度（如不討論住宅制度），但我的討論仍涉及很多項制度。

本書因此分為兩大區塊，一大區塊是本書前三部分，主要討論羞辱；第二大區塊為第四部分，討論組織的運作方式。我在書的結尾處將有品社會與正義社會進行比較，認為每一個正義社會都應當是有品社會，但反之並不亦然。

對於可以成為有品社會的社會單位，我沒有對其規模大小設立上限或下限，但在現代世界中，一個民族的最低數量標準是社會的自然選擇。低於這個標準的社會實體不可能成為有品社會。其原因之一就是：在當今社會，有品的生活其必備條件至少有讀寫能力，還包括一些基本的技術技能，而具備這些條件則需要一個相對發達的教育體系。在一個小規模的社會中，提供這樣的教育體系並非易事。民族還因另一個重要的理由而引人關注。國家被認為擁有使用武力的壟斷權力，而且往往它們也確實有這樣的權力。於是，國家有一種特別大的可能性製造組織的羞辱，無論是在規範上還是實際上都是如此。

我首先把有品社會粗略地定義為不羞辱人民的社會。為什麼從反面（即不羞辱）而不從正面（如將其描繪成尊重其成員的社會）來形容有品社會？我有三個理由：第一個是道德理由，第二個是邏輯理由，第三個是認知的理由。道德理由萌生於我的信念，即相信抑惡和揚善之間極不對稱[2]，消滅令人痛苦的邪惡比創造令人愉快的恩惠緊迫得多。羞辱是令人痛苦的邪惡，而尊重則當屬恩惠。所以，消滅羞辱應該優先於展現尊敬。

邏輯理由建立在兩種目標的區別上，一種是能夠直接而且聰明地實現，另一種基本上是前一種的副產品，無法直接實現[3]。例如，自發行為就意味著行為者不是依照決定和計劃而直接行動。自發行為只是行為者盡力在行動中讓自己的行為表現更多的自發性。從根本上講，自發行為不是初始目的，而是副產品。尊重人也可能是一個人對他人的一般行為舉止的副產品，而不羞辱人則是另外一種情況。相對於我們把某些特定的動作看成像是授予軍人榮譽（如行禮），可能沒有任何一種行為舉止可以被我們定義為用來表示尊重。也許我們會用一些用於其他目的的動作來表示尊重，以至於所表示的尊重僅僅是副產品。相反的，有些特定的動作如打某人巴掌，則是羞辱本身，而不是用於其他目的動作的副產品。

認知的理由是，識別羞辱行為比識別尊重行為容易得多，就像生病總比健康顯見一樣。榮譽和健康都是與防衛有關的概念，我們捍衛我們的榮譽、保護我們的健康。疾病和羞辱則屬於受侵害的概念。侵害狀態比防衛狀態更易於識別，因為前者可以根據侵害者和被侵害者之間的鮮明對立來識別，而後者即使在沒有可識別的侵害者的情況下仍然存在。

所有這些都是從反面而不是從正面來描述有品社會特徵的理由。如果從正面來描述，有品

---

2 Karl Popper, *The Open Society and Its Enemies*, vol. 1, *Plato*, 5th ed. (London: Routledge, 1966), pp. 284-285.（原註）

3 Jon Elster, “States That Are Esentialy By-Products, ”in Elster, *Sour Grape* (Cambridge: Cambridge University Press, 1983), pp.43-101.（原註）

社會應當是通過其組織向其所統治的人民表示尊重的社會。我們在本書的後面將看到，有時也需要從正面來描述有品社會的特徵，就像我們開始從反面描述來探討。

我沒有把有品社會歸入人們所熟悉的像自由主義或社會主義一類的「主義」之下。倘若這個標籤無法迴避，那麼最符合我的有品社會理念的是與「歐威爾式社會主義」（Orwellian socialism）相反的「歐威爾[4]的社會主義」（Orwell's socialism）。前者是一個平等或者更平等的「動物農莊（animal farm）」，而不是一個平等的人類社會。歐威爾無疑是有品社會的重要思想源泉，而且既然歐威爾是一位社會主義者，有品社會便體現在歐威爾式社會主義之中。

4 喬治·歐威爾（George Orwell, 1903-1950），英國作家，新聞記者和社會評論家。著名作品有《動物農莊》和《一九八四》等。

I

羞辱的概念

1 羞辱

羞辱是任何讓人有充足的理由感到自己的自尊受到傷害的行為或狀況。

這是羞辱的標準含義而不是心理學含義。一方面，羞辱的標準含義不會造成有理由感到被羞辱的人真正地感到被羞辱了；另一方面，羞辱的心理學含義也不會導致感到羞辱的人必然有合理的理由感到羞辱。

我強調的是感到羞辱的理由，即他人的行為造成感覺被羞辱的理由。感覺不僅是原因，也是理由。對一隻隨處亂跑的老虎感到害怕是有充足的理由。在正常情況下，對一隻普通的家蠅感到害怕並不是有充足的理由。當然，不僅行為會羞辱人，生活條件也能夠為感到被羞辱提供充足的理由。但生活條件只在其為人的行為或不作為而導致的結果時才羞辱人。我認為，自然形成的條件不能被視為羞辱。理查三世[1]面容極其醜陋，連他身邊的狗都朝他狂吠，但如果造

1 理查三世（Richard III, 1452-1485），英格蘭國王，一四八三年到一四八五年在位。

成他醜陋的原因是自然而不是人的行為或不作為，即使感到羞辱也沒有充分的理由。只有人類才能製造羞辱，儘管他們不需要真的有任何羞辱他人的主觀故意。羞辱都是人帶來的，雖然在製造羞辱的人並非有意而為之的情況下，沒有羞辱者也會有羞辱。

羞辱的第二種含義是比喻性的。意指人們把人類自身條件本身，如年邁、身體殘疾或面容醜陋也視為感到羞辱的理由。此種比喻性的羞辱含義不在我討論的羞辱範疇內，因為這種含義是作為自然生活條件的結果才涉及羞辱的。我所使用的羞辱一詞與人們在其第二種含義中使用的羞辱一詞相比，其間的區別不是我要求必須有羞辱者，而使用另外含義的人沒有這種要求，而是我們對自然的觀點不同。他們不把自然看作是中性的媒介，而看作是被上帝的意志所掌控。於是，他們認為會有某個人使用自然條件來羞辱人或者來提升人。在這種理解的背後，很可能隱藏著一個假設：上帝就是那位羞辱者。

有品社會也是對抗在其成員感到自己被羞辱時提供合理解釋條件的社會。一個社會如果其組織的運作方式不會使其公民有充分理由認為他們被羞辱，它便是有品社會。

我對羞辱以及因此而產生的關於有品社會的描述，需要大量的澄清和解釋才能成立。但有必要先把這個描述與兩個完全相反的反應（可以作為預警信號）進行對比。第一個是無政府主義，無政府主義主張一切建立在管制組織基礎上的社會從定義上講都是羞辱人的社會。這種觀點認為，任何建立了永久性組織的社會中必定有統治者和被統治者存在，而被統治就構成感到被羞辱的充分理由。在光譜另一端的是斯多葛主義，它認為任何社會都不具有羞辱性，因為沒有一個社會能夠為一個有理性的人提供感到被羞辱的充足理由。這種觀點背後的論據是，羞辱是對一個人自尊的傷害，而自尊是一個人不需要徵求別人的意見而向自己表示的尊重。一個人的自尊，不論他是一個像愛比克泰德[2]那樣的奴隸，還是一個像馬可·奧理略[3]那樣的皇帝，都與他人對他的任何行為或不作為無關。

還有一個觀點也應當考慮，我稱其為基督教的觀點。從本質上講，這種觀點認為最不可饒恕的罪惡是驕傲，而且驕傲必須用羞辱來矯正。在一個羞辱人的社會中，公民在與驕傲的對抗中陶冶性情，一個羞辱人的社會可以造就想成為謙虛的人，謙虛的人是沒有感到羞辱的充足理由的。一個羞辱人的社會傷害的是那些應當被羞辱的人，即驕傲的人；而境界更高的人，即謙

2愛比克泰德（Epictetus），古羅馬時期的斯多葛派哲學家、教師。

3馬可·奧理略（Marcus Aurelius），羅馬皇帝，於西元一六一年至一八〇年在位，有「哲學家皇帝」的美譽，著有斯多葛哲學的著作《沉思錄》。

虛的人，是不會被他人羞辱的。耶穌的受難之路[4]是一個持續受羞辱的經歷的範例。

他們給他脫了衣服，穿上一件朱紅色的袍子，用荊棘編作冠冕戴在他頭上，拿一根葦子放在他右手裡，跪在他面前戲弄他，說：「恭喜，猶太人的王啊！」又吐口水在他臉上，拿葦子打他的頭。戲弄完後就給他脫了袍子，仍穿上他自己的衣服，帶他出去要釘十字架。（《新約．馬太福音》27：28－31）

對於耶穌來說，雖然這種誘惑不能成為他認為自己被羞辱的充足理由，但那些把荊棘編成的冠冕戴在他頭上的人卻有充分的理由認為自己是羞辱者。基督教希望它的信徒從耶穌受難之旅中得到的啟示是，把羞辱人的行為視作一種考驗而不是感到羞辱的充分理由。然而，沒有充足理由並不能饒恕羞辱者驕傲自大這種滔天罪行，因為羞辱人的行為意在證明一個人對他人的優越感。

無政府主義：沒有任何政府組織是有品的

在政治領域，無政府主義者扮演著懷疑論者在認知領域的相同角色。懷疑論者質問可以認識的命題（即原則上可以辨明為知識的信念）的存在。他們認為，對信念的辨明不可能轉化為知識。依此類推，無政府主義者便主張任何基於暴力的治理秩序原則上都不合理。在科學領域，懷疑論的主張就是所謂的虛無假設（null hypothesis）——即認為現象只是偶然事件，因而沒有什麼可以解釋。哲學懷疑論者和無政府主義者各自在其領域中提出一個「虛無假設」，均認為沒有任何東西可以辨明。表面上看似可以辨明的實際上無法辯護。如果政治哲學試圖回答「政治權威正當性的來源是什麼」這個問題，那麼無政府主義者一定會反駁道：不存在任何可能的正當性，政治權威是一種可悲的事實而不是某個可以辨明的事物。無政府主義的虛無假設就是：一切有永久性（相對於臨時的）組織的社會都不屬於有品社會。

我們如何才能了解無政府主義者在對有品社會存在的可能性質疑之中所包含的羞辱概念

4 受難之路（Via Dolorosa）指耶穌在彼拉多的官邸被判有罪後，背負十字架到髑髏地所走過的路程。

呢？對於無政府主義者來說，羞辱意味著使用強制性組織限制個人的自主性。政府統治組織運用強制力使人民服從其權威，扭曲了人民主體的優先秩序。扭曲人民表達其自主性的優先秩序就構成羞辱。因此，強制構成羞辱。實際上，無政府主義者的主張更為激烈：他們認為強制的可能性本身（即人民服從於某個權威這一事實）也構成羞辱。權威並不一定真正地具有強制性，只要它對組織權威所管轄之下的人民構成一種長期的威懾，就會使其管轄之下的人民受到羞辱。

足球運動中的裁判制度雖然擁有強迫服從的權威，如把粗野的運動員罰出場外；但我假定，即使是無政府主義者也會同意，這不是羞辱人的組織。無政府主義者絕不會把構成國家的社會組織與足球裁判相提並論，他們也不會接受自由派的關於國家是裁判員的思想。正如馬克思主義者認為的，國家是主動參與的運動員。在無政府主義者的這個觀點的深處，是一種「寡頭統治政府鐵律」的信念，這個鐵律認為只要存在組織，就會存在統治者和被統治者[5]。不僅是每個組織都有統治者或被統治者，而且綜觀各個組織，統治者都是同一群統治者，被統治的人民也不同程度地是同樣的人民。足球比賽（至少非職業的足球比賽）不能作為政府統治組織的典型實例，而是具有某個特定目的的志願者組織，可以（相對地）獨立於其他統治組織。統治組織（即擁有強制服從手段的組織）實質上都是寡頭統治政府。寡頭統治政府對處於長期統治者權威之下的人民來說，意味著有系統的羞辱。

我上面介紹的無政府主義者的觀點（據我所知不是歷史上的思想家所提出的觀點）是建立在某些經不起推敲的假定之上的，這些假定有的屬於概念性的，有的則屬於事實的。例如，其中一個概念上的假定就提出，羞辱是對個人自主性的任何可能的減損。另一個假定提出，自主性表現為個人的優先秩序，而扭曲這一秩序就構成羞辱。至於那些事實上的假定，「寡頭統治政府鐵律」也許算作其中一例。

然而，儘管無政府主義的觀點並不嚴密，但仍有必要對其進行深入的研究，原因就在於它為我們的討論提出了「虛無假說」。根據這種假說，任何從「非羞辱性組織」角度來描繪有品社會的嘗試，簡直就是一項艱巨、複雜或冒險性的工作，從根本上說是不可能的。組織在本質上就是羞辱人的。無政府主義的「虛無假說」是本書通篇要研究的問題，在此先不會促得出結論。所以，我僅發表幾點評論，強調這種觀點給我們的討論帶來的挑戰。

---

5 R. Michels, *Political Parties* (New York: Free Press, 1915), p. 13. 該無政府主義者觀點受到米歇爾斯著作的影響，但並非他所提出的。（原註）

政治上的無政府主義者主張用另外一種社會來替代國家統治組織，而這種替代社會卻根本不存在。有一種觀點認為，意識形態上的無政府主義的力量，完全取決於政治上的無政府主義者的主張。乍看起來，似乎很容易把無政府主義的觀點與這一觀點相混淆。由於不存在另一種社會，人們會懷疑這種社會或許不能長期存在，因而無政府主義者持有的羞辱概念並無特別的意義。依據無政府主義者的觀點，羞辱只建立在人的屬性即社會屬性之上。即人是需要穩定社會的生靈，而這種穩定的社會就是有組織的社會。有鑑於此，無政府主義者的觀點便是：人作為社會人這一事實本身就是對人的羞辱。換言之，人受到羞辱的原因在於他們是人，既不是天使，也不是孤獨的動物。

我們可以這樣回答無政府主義者：人是社會人這一事實並不是人為的。即使在某個特定社會中具體某個人的成員資格會是人為的（由他本人所形成的），而他生活在某種社會形態之中這一事實則是自然事實，就像他的身材一樣。所以，人類生活在社會之中這一事實不應當被視為羞辱人，即使組織的存在就是一個社會存在的必要條件。僅僅存在這些組織，並不是人認為自己被羞辱的理由，因為這些組織是人類從本性上屬於群體動物存在所必需的。這與那些不是人類存在所必需的組織形成鮮明的反差，那些組織有可能羞辱人。

因此，與無政府主義聯繫在一起的羞辱的概念，便進犯到個人的自主性了。在我們當前的脈絡裡，羞辱就是會扭曲個人優先秩序（表達其個性）的組織干預。有人對無政府主義這一主張的回答是：即使組織要為扭曲個人的優先秩序而負責（包括那些對他們來說似乎是其個性表達的優先秩序），但這些組織這麼做的動機，可能是為了個人利益的好處著想。而如果組織其實是為了保護人民的利益，那麼即使以扭曲他們的（主體的）偏好為代價，個人也沒有權利將此視為感到羞辱的充分理由。對上面最後這個觀點的回答是很明白的；個人在做出對自己最佳的選擇時有犯錯的權利，打著「都是為你好」的旗號的家父長式統治尤其羞辱人，因為家父長式統治把人民當作不成熟的人來對待。

回到無政府主義的觀點，我們會發現，它所依據的羞辱概念比減損個人自主性的概念更為強烈，將其提高到侵犯個人主權的嚴重程度。後一種羞辱概念適合於曾作為歷史思潮（而且不僅是虛構的釋義）的無政府主義觀點。永久性的社會組織（威廉·戈德溫[6]稱之為「積極的組織」〔positive institution〕）從本質上就羞辱人，因為它們抑制個人的主權。只有個人才是名副其

6 威廉·戈德溫（William Godwin, 1756-1836），英國記者、政治哲學家、小說家，被認為是效益主義的最早解釋者之一和無政府主義的擁護者之一。

實的主權擁有者。

無政府主義者認為，一切管制組織包括代議民主制都羞辱人，因為它們把主權從個人手中奪走，集中到代表他們的代表人手中。唯有個人直接、明確同意的組織設置才有可能與他們的主權實現和解。正如王爾德[7]指出，無政府主義者不區分國王的統治和大眾的統治，這兩類統治都羞辱人，因為它們都減損個人的主權。所以，無政府主義的有品社會是一種普遍的貴族社會，每個社會成員都是君主。

如果把主權這個詞大寫，我們會很熟悉這個概念，它可以應用於一個群體或一個集體的領袖，如君主。這也是我們把羞辱人作為對主權明目張膽的侵犯的基本脈絡。當飛機進入鄰國的領空並故意在其城市上空發出音爆[8]（以色列和敘利亞過去經常互相採取此種行為），其行為應被解釋為對對手國家的羞辱。按照無政府主義的觀點，大寫的主權根本不是主權，而是為了便於說明有效的個人主權的含義。

個人主權指個人在一切涉及自己的事物方面享有不受任何權威控制、至高無上的行為權利。當然，無政府主義者也以某個版本的傷害原則（harm principle）對個人權威做了限定，即不能傷害他人的個人主權。然而，這個思想十分明確：主權只能由個人擁有，任何凌駕於個人權威之上的組織都是對個人的羞辱。權威組織（authoritarian institution），即沒有獲得針對某個特定目標的直接同意的組織，其本質就羞辱人，因為這種組織剝奪了或者至少是減損了個人主權。

在本節中，我先介紹意識形態的無政府主義，以及它對「有品社會是由不羞辱人的組織組成的社會」這一觀點的質疑。無政府主義的主張是，凡是永久性的統治組織無一例外地羞辱人，因此有品社會不可能存在。我感覺，這個懷疑論的觀點只有當懷疑論無政府主義得到政治無政府主義（即主張建立沒有永久性組織的社會）的支持時才有意義。因為，如果沒有此類組織，原則上便不可能存在穩定的人類社會，那麼人民就會被人類生存條件本身羞辱，因為它是人類生存條件的題中之義。猶如人需要大小便一樣，人類生存也需要組織，因此，因需要組織而被羞辱便可以與人類因需要大小便等身體機能運作而被羞辱相提並論。身體機能運作就是身體機能運作，它們是不受制於法的必需。依此類推，必要的組織（vital institutions）就是必要的組織，它們也是一種無可指責的必需。羞辱究其本質是對自尊的傷害，即對一個人因為是人這一事實

7 奧斯卡．王爾德（Oscar Wilde, 1854-1900），愛爾蘭作家、詩人、劇作家。
8 空氣中運動的物體速度突破音障時，產生衝擊波而伴生的巨大響聲。

本身所值得的尊重的傷害。因此，將人類生存必不可少的事物視為羞辱並不恰當。

有鑑於此，對於懷疑論的無政府主義者來說，其挑戰的力度取決於無政府主義者能否提出一個沒有永久性統治組織的穩定的人類社會方案。我這裡沒有提出建立一個沒有組織的烏托邦社會，這種要求不公平，因為無政府主義將烏托邦社會視為一種固定的生活方式而反對它的專制，理由是烏托邦違背生活的開放性。我們甚至不要求政治無政府主義者提出的實現沒有組織的社會的方案，因為任何方案都會受到無政府主義者的質疑，反對的理由與他們反對烏托邦如出一轍。我們對無政府主義者唯一的要求是，希望他們告訴我們是否有可能存在一種沒有統治組織的社會。一個無政府主義的烏托邦，諸如威廉·摩里斯[9]的名著《烏有鄉消息》（*News from Nowhere*）[10]所描繪的那樣，也許有助於說明沒有組織的社會的可能性，即使這種可能性十分渺茫。

我們應當區分兩類無政府主義，一類為共享無政府主義（communal anarchism），一類為以麥克斯·施蒂納[11]的用語來描述的作為「自我主義者聯盟」（union of egoists）[12]的無政府主義。這兩類無政府主義會以不同方式回應「沒有永久性統治組織的社會才是有品社會」這一觀點的挑戰。共享式無政府主義者會認為，沒有組織的社會是可能的，但必須用柏拉圖稱之為「有教養的社會」（refined society）來取代健康的社會（healthy society）為代價（《理想國》（*Republic*）頁三七二至三七三）。換言之，在一個小的、親密的社會（如一個自願者共同體）中，沒有組織的社會是可能的。這種社會不能保證提供現代發達社會的生活標準（這種生活標準卻得益於規模經濟、勞動分工和職業專業化的優越性），但它可以成為一個保護個人免受與永久性統治組織打交道時所造成的羞辱的有品社會。無政府主義者聲稱，人的尊嚴是非賣品，所以根本談不上用經濟標準來評估一個有品但不發達的社會的價格。

對於反駁無政府主義者對有品社會的詮釋，有人也許會認為，放棄有品的生活標準必然會放棄值得尊重的人類生存條件。有品的生存條件——即人的尊嚴前提——構成一個相對於社

---

9 威廉．摩里斯（William Morris, 1834-1896），英國的工匠、設計師、作家、印刷家和社會主義者。

10 William Morris, *Editions, Selections, Letters: The Collected Works of William Morris*, intro. Morry Morris，24 vols. (1910-1915); William Morris, *News from Nowhere*, ed. James Redmond (London: Routledge, Chapman & Hall, 1970).（原註）

11 麥克斯．施蒂納（Max Stirner, 1806-1856），德國哲學家，其著作影響著後來的虛無主義、存在主義、後現代主義及無政府主義，特別是個人無政府主義。

12 Max Stirner, *Der Einzige und sein Eigentum* (Berlin, 1845), English version, *The Ego and His Own*, trans. Steven T. Byington (London, 1907).（原註）

會和歷史的概念。以放棄經濟優越性來換取在一個沒有組織的共同體中的「健康社會」，這在發達社會中被理解為是生活水準不值得尊重的降低。換言之，托爾斯泰農業公社（Tolstoyan commune）也許憑藉沒有永久性的統治組織可算作一個不羞辱人的社會，但它不具備有品社會的條件，因為它貧困受難的生活條件被視為羞辱人。

廢除一切統治組織的「自我主義者聯盟」無政府主義，其目標之一是通過不受組織干預的市場來保證每個人享受盡可能高的生活水準。這種市場是生產者和消費者的自由結合，其中個人主權與他們的自由生產者和消費者地位準確對應。羞辱於是成為對個人經濟主權的組織干預，譬如稅收。自我主義者聯盟的激進無政府主義者不承認被普遍視為公共物品的產品和服務，如路燈，如果沒有強制性組織的干預便不能有效率地得以提供，否則就會讓免費用路人佔便宜。自我主義者聯盟的無政府主義者相信市場能解決這個問題，甚至包括諸如國防和法制之類的服務，別說只是路燈問題[13]。簡言之，他們相信存在著一種沒有任何政治框架（即沒有任何羞辱性組織）的純市場社會（market society）。自我主義者聯盟的無政府主義者為解決有品社會問題開出的藥方是市場社會，有經濟組織但沒有政治組織。市場社會之所以能夠成為沒有羞辱人的組織的有品社會，其理由很簡單：任何統治組織都不存在。

沒有統治組織的市場社會是有品社會，對這個觀點的第一個反駁是：市場社會中存在的經濟組織實際上是統治組織，特別是壟斷者和企業集團。壟斷者的霸權絲毫不遜於政治組織的權力。所以，市場社會中不存在有權羞辱人組織的觀點純屬童話故事，如果社會需要通過市場運作來提供安全和有效率的法制，情況更是如此。提供這種保護的公司可能會像暴力討債者那樣，他們的報價都是沒得商量的。

市場社會是一個有品社會，這個觀點有點怪誕：在民主社會，政治組織恰恰因其目的在於保護社會成員免受由市場社會帶來的羞辱而被證明是合理的。這種保護包括對抗貧困、流離失所、剝削、惡劣工作條件，以及為無力支付的「主權消費者」提供其所無法負擔的教育和衛生保健。在已開發的發達社會中，市場社會是難題而不是解方。

倘若市場可以提供無政府主義者解方，來建構既無組織又不放棄人們生活水準的社會，那麼以上兩種回應表明，市場社會不可能沒有強制統治組織，也不能為所有人提供夠水準的生活。我們必須記住這些論點，但我們也不能忘記：懷疑論的無政府主義者認為，凡是存在永久性統

---

13 David Friedman, *The Machinery of Freedom* (New York: Harper & Row, 1973).（原註）

治組織的社會都不是有品社會。

斯多葛主義：不存在羞辱人的社會

無政府主義者觀點的對立面是「斯多葛」式的觀點，認為沒有一種社會能提供感到羞辱的充足理由。既然任何外部的理由都不能構成感到羞辱的充足理由，因此沒有社會不是有品的社會。

正如我們所看到的，無政府主義認為，羞辱就是違背個人自主性甚至個人主權。在斯多葛哲學中，相似於自主（autonomy）的核心用語為自立（autarchy），自立是一個能力的概念，即自己滿足自己需要的能力；而自主則既需要時機也需要能力。換句話說，自立的滿足不需要特定的環境條件。環境條件是一種（道德）運氣，個人的自主不能在他無法控制的事件中加以判斷。外部生活條件通常不在個人的控制範圍內，而自立作為精神上的自主，甚至在最極端的外部條件下（如奴隸制）也可以實現。奴隸可以對其主人隱瞞自己的思想，使奴隸主無法佔有他們的思想。愛比克泰德因此擁有像馬可・奧理略皇帝同等的精神自主。既然思想是人區別於其他動物的基本屬性，那麼自立的最高表現便不是身體自由而是思想的自主。

從這個觀點出發，羞辱是對一個人自立的破壞，而且只發生在思想沒有自主的情況下，例如當他受到情緒控制時。當個人的世界觀無法使他能夠辨別什麼是善、什麼是無價值時，或者當他的世界觀只是獲得某個有內在價值（intrinsic value）的東西的工具時，他就不是自立的。因此，諸如榮譽、金錢甚至健康本身都不包含內在價值，而且人們應當以平常心來對待它們。這並不意味著健康對我們來說只具有工具價值，我們不應在乎它，而是我們不應當對它萬分激動，即處在一種沒有理性辨明（rational justification）的情緒狀態。斯多葛式的冷漠不是缺乏感覺，而是只允許有理性辨明的情緒。當人們在其周圍環境的影響下錯誤地認識世界上事物的真正價值時，便失去了他們的自立。

一個會使其成員缺乏自立的社會不能算作有品社會，但社會無法封鎖人執意要過自立生活的道路。從這個意義上講，社會最終不會羞辱任何不願被羞辱的人。一個理性的人不會被羞辱，因為人的社會環境不會為被羞辱提供充足的理由。愛比克泰德說過：不明白他不隸屬於他人的人，只是「一具屍體加上一加侖血液」，鮮明地表達了斯多葛式的情感。

斯多葛主義對羞辱的解釋帶來以下問題：倘若羞辱是對你自尊的傷害，那麼為什麼任何針對你的外部行為（external behavior）合理化你所感到的羞辱？當然，榮譽是某種社會贈與人的東西。但與社會榮譽相反，自尊卻是有榮譽的人以其美德送給自己的禮物。那麼，為什麼我們的自尊要由別人對我們的看法，或者由他們對待我們的方式來決定或受其影響呢？特別是，為什麼我們不認識的社會組織對待人的方式，會影響思想上自立的人的自尊呢？為什麼他人的認同對一個人的自尊很重要？不管怎樣，我們不是在討論一個人的自豪（self-esteem）問題，自豪必須通過與他人的互動才能體現。與自豪相反，自尊（self-respect）是一個人僅僅根據「他是人」這一意識而自予的榮譽。既然如此，為什麼要顧及別人的評價呢？此外，自尊從其詞義上講，是一種取決於個人自身的尊重。自尊不需要任何形式為評價或認同的外部許可。所以，沒有一個社會，也沒有一個社會成員能有充足的理由感到被羞辱。

斯多葛哲學的挑戰對於整個描繪有品社會的工作至關重要。只有進一步澄清自尊和羞辱的概念，我們才能回應這一挑戰。在這裡，我要設法處理繼尼采之後人們對斯多葛哲學的一些批評。

尼采指出，無視獲得自尊的過程中需要他人的認同，其原因是出於對他人的憤恨，而不是出於內在對自我肯定的崇高自由。「……而奴隸道德則起始於對『外界』，對『異己』，對『非我』的否定。」[14]所以，尼采的觀點認為，奴隸所謂的自立是在否定「外界」對於決定一個人的態度的重要性，實際上是憤怒的奴隸報復身處環境的一種防衛機制。換言之，任何社會地位低微的人都不可能真正地免遭外來的羞辱。自尊需要社會的信任，社會信任的缺失會導致一種虛假的獨立，而這種獨立就是奴隸道德的基礎。貴族之所以能夠真正地無視別人的意見，並獲得一種獨立於別人態度的自我肯定，也正是這種基本的社會信任，這對奴隸來說是可望而不可即的。尼采希望走得更遠，他認為：「不管怎麼說，蔑視的情緒、倨傲的情緒、自負的情緒的產生，人們對蔑視情景的偽造，這都遠遠無法和無能者以受壓抑的仇恨，向他的對手（當然是虛構的）進行報復的那種虛偽相比。」[15]

尼采認為，斯多葛哲學所主張的，從政治人（political man）向不受社會對他的人性態度的影響的內在人（internal man）轉換，不是一個真正的選擇。社會地位低微的人（奴隸），僅憑

---

14 Friedrich Nietzsche, *On the Genealogy of Morals*, trans. Walter Kaufmann and R. J. Hollingdale (New York: Vintage Books, 1969), First Essay, Section 10, p. 36.（原註）

15 同前註，p. 39.（原註）

宣稱羞辱人的主人是他們內在世界之外的人，並不能在心理上把自己從羞辱中解脫出來，奴隸的內在世界不會沒有主人。「奴隸道德」是這種復仇內在化的結果。奴隸道德的最終結果就是基督教所倡導的，把羞辱轉變成培養謙卑形成歷程的教義。基督教對羞辱的態度是斯多葛哲學態度的延續，但其所用的方法則不同，或者說是不正當的，以尼采的話說是把羞辱改變為培訓聖人的工具。基督教的聖人肯定是斯多葛哲學智者的繼承人，但真正的基督教的謙卑人，和斯多葛哲學的「內在」人是有明顯區別的。基督教的謙卑人被設計成從不考慮自己，卻又始終擔心自己，尤其是擔心自己動機的純潔性，這在邏輯上似乎是不可能的。相對的，斯多葛哲學的「內在」人則被設計成無視外在的世界，這雖然在邏輯上不是不可能，但很難做到。

尼采確實相信，斯多葛哲學和基督教之間在評價羞辱的方法上存在著差別。斯多葛哲學智者的思想是自由的，因此真正有能力實現這種重新評價——即能夠把自己視為自由的而且不受其主人的羞辱；而基督教教徒，在尼采看來，卻不能真正做到這點，因為基督教教徒充滿了怨恨。他們也許甚至在羞辱者打他耳光時還能「愛」，但他在內心裡一定會把那個羞辱他的人送進地獄。地獄是受羞辱的基督教教徒滿腔怨恨的復仇。

在本章中，我先討論了兩個對於把有品社會定義為「其組織不羞辱人的社會」有所質疑的相互對立觀點。在這光譜一端的觀點認為，不存在任何不羞辱人的社會組織，光譜另一端的觀點則認為不存在羞辱人的社會組織，而且因此沒有不是有品的社會。現在，我們必須在無政府主義和斯多葛哲學之間的兩難選擇中小心航渡，一邊牢牢抓住船的桅杆，一邊抵抗來自光譜兩端海上女妖的誘惑歌聲。

2 權利

有品社會或許可以另定義為不侵犯其人民權利的社會。這種觀點認為，只有具備權利概念的社會，才會有有品社會所必需的自尊和羞辱概念。因此，有品社會的理想只有對一個有明確權利概念的社會才有意義。

我將透過討論下面兩個問題來研究這個命題：

一、權利概念是否構成有品社會和非有品社會所需的尊重和羞辱這兩個概念的必要條件？

二、為了被認為是有品社會，社會組織必須尊重哪些權利？尊重一切權利是被視為有品社會的充分條件嗎？

我在本書剛開始時提出，一個社會如果其組織為社會成員提供了充分的理由感到自己被羞辱，就不能稱之為有品社會。那麼，有哪種比侵犯你的權利（特別是侵犯那些用來保護你的尊嚴的權利）更好的理由可以使你感到羞辱呢？這一觀點的力量源自它的明顯性（air of obviousness）：「有什麼能比侵犯權利更好的理由可以使你感到羞辱呢？」然而，這種特別的明顯性讓人聯想起維根斯坦[1]所稱的「被圖像俘虜」（being held in the grip of a picture）的東西。這是一個現實的模型被視為現實本身的情況，其原因很簡單，因為我們不能想像出對這個模型的替代方案。只有提供替代選項，才能讓圖像鬆手。

建立在嚴格的責任概念上但卻沒有權利概念的社會，可以作為替代選項。因此，問題便是這種建立在責任之上的社會能否構成羞辱的概念。這種社會可以把一些行為視為是羞辱人的，同時把另一些行為視為是尊重人的，並要求社會成員把互相尊重作為社會義務。在這個程度範圍內，並不會有問題。承擔社會責任所做出的行為中，哪些是尊重人的、哪些是羞辱人的，均由社會的責任體系來規定。未履行給予恰當尊重義務的組織被視為其行為羞辱人，該組織所在的社會會因此喪失有品社會的資格。

1 維根斯坦（Ludwig Wittgenstein, 1889-1951），二十世紀最有影響力的哲學家之一，生於奧地利，後入英國籍，其研究領域主要在語言哲學、心靈哲學和數學哲學等方面。

如果問題這麼簡單，那為什麼我們還要問「一個沒有權利概念的社會能算有品社會嗎」？實際上有個難題存在，即在一個基於責任的社會中，似乎羞辱人的行為不能給其受害者提供感到被羞辱的充足的理由。根據假定，受害者不享有受保護免遭羞辱的權利。違反社會對羞辱人行為禁令的人，其對受害者的傷害並不比對其他任何人更為嚴重。這種傷害是對社會禁令，而不是針對個人權利的侵犯。在基於責任的社會中，一個人可以做出羞辱人的行為，但卻沒有人會被羞辱，實在弔詭。

假定一個基於責任的社會要求其青年人尊重老年人，如在公車上讓座給老年人。雖然老年人沒有被認為對座位擁有權利，但青年人卻有讓座給老年人的義務。現在假定公車司機被規定有義務保證其車內的行為符合社會規範，在這種情況下，如果某位老人向司機投訴說，某位青少年拒絕讓座而使他無法就座，但相對於該輛車上其他任何一位也向司機投訴這種情況的乘客，他並不處於優先地位。確實，老人應得的尊重在這輛公車上沒有得到承認，但這位沒人讓座給他的老人也並不被視為受到不尊重的對待。英文「respect-for-the-elderly（尊老）」是一個不可分割的組合詞，每個詞必須和其他詞連用才能表達意思，恰似英文的「lily-livered（膽怯）」不能分割成「lily（百合）」和「liver（肝臟）」兩個詞去分開理解一樣。

那麼，難道一個基於責任的社會真的不能為羞辱行為的受害者提供感到被羞辱的充足理由嗎？我不這樣認為。我的假定是，基於責任的社會禁止羞辱，因此，在這樣的社會中，所有人都會把羞辱行為視為羞辱人的。問題是，這種行為的受害者是否有充足理由感到被羞辱。他可能會明顯感到被羞辱，但如果他不覺得自己的權利已受到了侵害，他會有理由感到被羞辱嗎？在認定具體某個行為是否羞辱人時，必須加上此行為正在對被針對者造成羞辱的事實，兩者組合起來才能給受害人認為他被羞辱的理由，而不僅僅只是原因。一個理由如果成為產生某種感覺的一般性理由，加上在實例中產生這種感覺的具體原因，就是對有這種感覺的合理解釋。沒有人給其讓座的那位老人不僅是任意一位乘客，他也只是一個「不尊老」行為的目擊者。因為他年紀大所以這種行為就變成不尊重，因此，不尊重他的那位青少年給他提供的是感到被羞辱的理由而不僅是原因。

完全有可能出現這種情況，這位老人並沒有真正感到被羞辱（可能他內心暗暗慶幸別人沒有注意到他年事已高，或者別人看他還依然年輕有足夠的體力在車裡站著），但此時車內還坐著一位老年婦女，她不僅覺得那位青少年是視而不見，而且感到她自己的年紀也沒有得到充分的尊重。那麼，我們能說這位老婦人有感到被無視的理由，而不僅僅是一個原因嗎？無論如何，這裡存在著感到被侵害的一般理由，而且這理由也是這位老婦人受到侵害的具體感受的原因。那麼，這難道不也是她感到受侵害的理由嗎？這位老婦人確定有理由感到她的年紀應得的尊重被藐視了，因為青少年沒有給老人讓座，儘管她自己有位子可坐。但是，她的理由並不像該行為的直接受害者的理由那麼充足，原因在於她只是被冒犯的目擊者，並非受害者本人。

在這個老婦人因看到不尊重老年人的行為而感到被侵害的故事中，有種嘲弄人的滑稽。上述的場景可能給人其指出的問題很嘲弄人的印象，然而，在這個故事中實際上隱含著一個十分重要的問題，即羞辱與窘迫一樣具有傳染性，它是一種僅因為對他人有認同就可以感受到的情感，即使我們不是那個羞辱行為的直接受害者。如果我們與受害者有認同，受害者又與我們具有相同的特質，那麼我們也有充足的理由感到被羞辱。這個問題我會在本書後面的部分做詳細討論。

責任道德強調：被羞辱或被傷害的人相對於羞辱他的人而言，沒有任何特殊地位。任何人都能用「羞辱是違反『汝不可羞辱他人』這項明確義務」的觀點來譴責羞辱者。問題在於這項義務能否在辨明時，不讓權利概念走後門混進來。也許有人認為，這項義務只能參照「羞辱是對受害人利益的痛苦傷害」這一事實來辨明。雖然責任道德僅使用責任語言來對它的道德行為人提出要求，但這些要求的合理解釋並不明顯體現在要求本身之中，因此需要訴諸權利概念。

責任道德離不開權利概念，我很清楚這個觀點的重要程度，但我懷疑這一概念在辨明不羞辱人的責任時能否起到強制性的作用。有一個類推也許可以說明這個問題。我們可以假定，人性的責任道德包括不虐待動物的責任。我認為，辨明這項責任並不需要動物的權利概念，也許只需用殘忍行為以及容忍殘忍行為的社會是殘忍的這類觀點就可以辨明。這種合理性解釋至多涉及動物會感覺到疼痛的事實，但根本不涉及動物權利。責任道德語境下的羞辱也屬於這種情況。辨明不羞辱他者的責任無疑會涉及羞辱給受害者造成痛苦的事實，或許還涉及受害者不受羞辱的明顯利益。然而，提到受害者的利益並不足以說明這合理解釋是建立在權利概念之上的，也必須指出，這種利益本身就是好事。責任道德可以建立在「沒有羞辱本身就是好事」這觀點上，而滿足受害人的利益只是達到此目的的手段。有鑒於此，在責任社會中，不羞辱他人的責任也許不需要權利概念。

於是，我們在這裡可以得出如下結論：將道德建立在責任之上的社會，即使沒有相對應的權利概念，也會有羞辱的概念，而且也能為感到被羞辱提供充足理由。

一個建立在目的道德（morality of ends）之上的社會，即使責任概念和權利概念都缺失，也可以為解釋有品社會的特徵所需的不羞辱概念提供背景。首先，必須確認，在通過關鍵的概念（如責任、目的，或權利）來規定特定的社會道德時，通常不一定意味著社會缺乏其他概念。所以，康德相信，我們可以通過定言令式（categorical imperative）[2]語境下的絕對義務（absolute obligation）來實現尊重人性的目的。通過中心概念來突出某個特定的道德的特徵，其目的在於強調這概念相對於他所有概念在解釋上的優先性。例如，在責任道德範疇中，責任概念在解釋權利概念中有著基礎性和先導性作用，而不是恰恰相反。但在我們現在的討論中，當我通過一個中心概念來描寫某一特定的道德時，我實際上暗示該道德根本不包含任何其他概念。所以，當我使用「責任道德」的時候，我的意思是責任概念是這個社會唯一的道德概念，而且它根本不包括權利概念。如果我使用「目的道德」，那麼我就在假定此道德不包括權利概念和義務概念。

目的道德的理論基礎是人在存在鏈（chain of being）中位置的學說。人是「萬物之靈」，即是說，人因他是人而必須受到特別的對待。任何不符合人在存在鏈中特殊位置的待遇就構成羞辱。這種道德的基礎不是責任或戒律，而是體現此個體之個人的典型。在建立於這種道德之上的社會中，羞辱者不會因侵犯受害人的權利或因未履行某項義務而被譴責，倒很可能會因其行為不符合典範人的作法而受到譴責。有人會對違背者說，就連史懷哲[3]也沒有這麼做。這樣的社會顯然會有很完善的羞辱概念，在這種社會中，羞辱行為的受害人也有感到被羞辱的理由。這再次說明，其原因不是他們的任何一個特定的權利，而是因為他們被當作了次等人來對待。簡言之，在以目的道德為基礎的社會和以責任為基礎的社會中，人們對羞辱的觀點是完全相同的。

自尊：湯姆叔叔的案例

湯姆叔叔，是有名的缺乏自尊的好人的範例[4]。湯姆叔叔現在已經變成黑人尊嚴運動的反面形象。對於這一運動而言，湯姆叔叔是聖經裡奴隸的典範，他口口聲聲「我愛主」，但他必

2康德認為，僅從理性之中就可以得出最基本的道德原則，他稱之為「定言令式」，也就是「必須無條件地加以遵守的命令」。

3史懷哲（Albert Schweitzer, 1875-1965），德國著名學者及人道主義者，曾獲諾貝爾和平獎。

4例如：Thomas. E. Hill, "Servility and Self-Respect," *Monist* 57 (1973): 87-104。（原註）

須穿耳[5]。儘管湯姆叔叔的虔誠精神十分感人，但這很容易被理解為狗對主人的忠實。其中所缺乏的則是自尊意識。

出於不同目的，湯姆叔叔的故事被講述的方式會各不相同。對於釐清自尊與權利之間的關係來說，關鍵在於這個故事所例示的兩個議題之間的區別，一個是完全不存在權利概念的議題，另一個是沒有能力爭取個人權利的議題。可能會有人認為權利和自尊之間存在內在聯繫，其論據是羞辱並不指一個人的權利被侵犯，而是指一個人不能伸張他的權利。湯姆叔叔可以被描寫成意識到他的基本權利被侵犯，但他沒有能力有效地要求被尊重。然而，在這種情況下，公開伸張權利必然會給他和他的家人帶來危險，所以對伸張權利的最低要求便是受害者至少應該對粗暴對待他的人表示憤怒，受害者至少不能默許罪惡和為惡者。從這個意義上講，湯姆叔叔被人們看作為即使他意識到罪惡存在也默許了。這種默許就是心理上的接受，並且由此可以得出有這種反應的人肯定沒有自尊的觀點。

但是，對湯姆叔叔的故事還有別的解讀——宗教式的解讀。湯姆叔叔沒有權利概念，但他有深邃的宗教信仰。信仰告訴他，所有人，無論是白人還是黑人，都是上帝創造的亞當的後代。於是，湯姆的人的尊嚴存在於他的亞當家譜中。湯姆沒有把這點理解為權利，如同作為亞當後代他應享有的承襲權利，但他完全清楚，他作為亞當後代的榮譽並不亞於任何一個人應得的榮譽。與此同時，湯姆叔叔順從地接受了主人對他的一切要求，堅信這是上帝的旨意，上帝在考驗他。質疑既定的秩序會是驕傲的表現，其罪過比虐待他的人更大。反抗是大逆不道的，因為只有上帝才能拯救受壓迫者。

湯姆叔叔充滿宗教愚昧的世界觀中沒有自尊概念嗎？那沒有羞辱概念的世界觀嗎？我認為，湯姆的羞辱概念並不難說明。亞當是湯姆叔叔和他的主人共同的祖先，但主人卻沒有把他當作亞當的子孫來對待。湯姆相信上帝按照他的形象所造的人不應當受到這種待遇。於是，問題並不在於缺乏權利概念的人能否具有羞辱概念，真正的難題還是：湯姆儘管沒有權利概念，但他是否有我們認為充分的理由感到被羞辱。不僅如此，如果我們不相信世界是上帝創造的，那我們還會認為湯姆的理由是對感到被羞辱的合理解釋嗎？

喬爾・范伯格[6]認為權利不與自尊相結合便無從談起[7]。換言之，他認為，沒有權利概念，

5《聖經》裡描述的奴隸是穿耳洞的，表示永遠服侍主人。

6 喬爾・范伯格（Joel Feinberg, 1926-2004），美國政治和法律哲學家，是過去五十年來美國法理學中最有影響力的人物之一。

就沒有我們認為是正當的自尊意識，而且依此類推，就沒有我們認為有合理解釋的羞辱概念。我們對湯姆叔叔本人認為有合理解釋的理由不感興趣，但我們關注那些對我們來說有合理解釋的理由。在這裡，「我們」包括所有把道德概念建立在「人是道德的唯一合理性」這一人性假定上的人。因此，我認為范伯格的挑戰是提出質疑：有人性的道德概念的人是否能有沒有權利概念的自尊或羞辱概念？而這個質疑我已肯定回答過。責任道德和目的道德都能為培育自尊概念和羞辱概念提供土壤。

然而，即使在權利道德的脈絡中，湯姆叔叔的故事仍提出了挑戰。權利是利益——某種利益，但利益不是權利。不管這些利益的性質是什麼，尊重人意味著對他們的（或者至少對他們正當的）利益給予適當的關注，人關注給予他們的尊重，部分是對其利益是否得到尊重的關注，使這些利益被滿足、被保護。湯姆叔叔是一個有利益的人，但他似乎對這些利益缺乏關注。所以，問題是一個不關注其利益的人如何才能保有自尊。

乍看之下，這裡似乎有個悖論：如果利益對個人來說是個關注議題，那麼一個人又怎麼可能（邏輯上來講）對涉及他的一切不關注呢？但這個悖論只是表面的。一個人如何不關注他的利益，是個偽問題，因為人應當關注的議題並不一定是他們實際關注的議題。關注不能與偏愛等同視之，把這兩個概念區別開來，悖論便不成立了。剩下的問題只是，人如果不關注他們應當關注的問題，如何還會有自尊？這樣的人似乎不關心涉及他們利益應當得到尊重的議題。缺乏這種次元利益（second-order interest）[8]的人就沒有自尊。

從人性的視角來評判湯姆叔叔，會讓我們認為他沒有自尊，但如果把他刻畫成宗教信徒，他的形象則是個很有尊嚴的人。人性假定和湯姆叔叔雖然卑躬屈節但有其尊嚴，我們應當放棄哪個？

刻畫湯姆叔叔感人的基督徒的內心世界，猶如描寫斯多葛學派哲學家式奴隸的內心世界。斯多葛哲學的「內心」世界和基督教的「內心」世界都是在受壓迫條件下保持尊嚴的策略。然而它們都是替代品，不能作為有品社會的基礎。

---

7 Joel Feinberg, "The Nature and Value of Rights," *Journal of Value Inquiry* 4 (1970): 243-257. 關於此主題也可參考：Meyer J. Michael, "Dignity, Rights and Self-Control," *Ethics* (1984): 520-535.（原註）

8 次元（second-order）是指對初元（first-order）的命題再做更高層次的討論，在此指針對個人利益進一步關切的討論。

權利是尊重的充分條件

哪些權利能構成自尊（或者可以稱為尊嚴）所需的充分條件？換言之，侵犯哪些權利會是羞辱的充分條件？

人權有足夠的理由列入名單。這是道德權利，其合理性具有道德特徵。權利就是利益，而且如果這些利益本身是好的，權利就是有道德的權利。人權是所有的人只要是人就平等擁有的權利。人權的合理性在於它為捍衛人的尊嚴而成立。當然，人們嘗試過其他方法來辨明人權，例如，其中一種方法是把人權視為人行動自由的最低條件，沒有這個條件，人就不能被視為是道德個體。但是，如果採用這種合理性解釋，那麼人權就不能被視為本身就是好東西，而僅僅是其他某個本身就是好的東西（如成為道德個體）的基本手段。相反的，如果人權被直接辨明為構成人類尊嚴的利益，那麼它就能被當作本身就是好的東西。在現在的觀點中，人權被視為對人類尊嚴的保護。人權（在權利道德脈絡中）是認同人類尊嚴的「表徵」（symptoms）。

如何看待一個尊重人權但侵犯人民在社會中其他權利（如公民權利）的社會？這樣的社會能被視為有品社會嗎？讓我們使用公民權利的例子來探討這個問題。成為公民的一般權利是人權，但這並沒有強行規定每個人在他所生活的社會中都可以成為公民的權利。一個社會只有剝奪有權成為該社會公民的公民資格，才是侵犯此人的人權。然而，我們所討論的是一個不剝奪公民資格但卻踐踏其公民權利的社會。公民權利中有些不屬於人權，例如投票權。不給予婦女投票權（瑞士前幾年仍屬於這種情況[9]）是與有品社會不相稱的行為。不給予婦女投票權意味著把婦女當作未成年人對待，也就是把婦女當作不完全的人來對待。

不同的社會會展現不同的做人方式，也就是會有不同的人的特性，對公民權利的侵犯必然會嚴重傷害人民展現其具有該社會特色的人性，因此構成了羞辱。出於這個原因，某個社會尊重人民人權的事實並不能被看作是有品社會的充分條件，因為這樣的社會即使不侵犯人權，也會羞辱作為公民的成員。

9 瑞士女性直至一九七一年才獲得聯邦層級的投票和選舉權，全國各州全面普選權至一九九一年才實行。

3 榮譽

有品社會是不羞辱人的社會。但相對於羞辱，我們該用什麼詞呢？至今為止，我們一直使用「自尊」作為「羞辱」的對立面。但「自尊」的含義不僅很模糊，而且還有許多其他類似的概念可以用來描繪有品社會。現在，讓我們在這些類似的概念中找到合適的來當作羞辱的相反詞。

其中一個概念需要進行初步討論，它就是普通含義上的榮譽概念。我們的命題是有品社會是每個人都能得到應有榮譽的社會。由於我把有品社會的概念限定在社會組織的行為上，因而有品社會便是社會組織能給予所有人本身應有榮譽的社會。我在這裡想恢復榮譽概念在政治討論中的地位，而不把它看作僅僅是過去的遺蹟。不過，既然這樣，為什麼不直接用榮譽來定義有品社會呢？

對於「應有的尊重」一詞，必須區分兩種不同的含義。一種含義指尊重的分配，涉及是否所有人都能得到尊重的公平份額問題。另一種含義則指我們用自己的眼睛來評價榮譽，涉及是否值得給予尊重的問題。例如，尚武社會也許會對它的戰士給予應有的尊重，這也可以理解為它不剝奪任何為戰爭做出貢獻者應得尊重的公平份額，每個戰士都按其貢獻大小得到榮譽。戰士們應得的榮譽不會給予沒有參加戰爭的人。不會有連火藥味都沒有聞過，或者從未參加過戰鬥，卻佩戴著金質勳章檢閱部隊的將軍。這種社會給予所有人應有的尊重，但這不表明這個社會的尊重概念在我們看來是有價值的。相反的，我們也許認為這種價值概念絕不正當。公平分配不值得尊重的事物的社會，猶如以公平或兄弟義氣的方式來分配戰利品的幫派。分配雖然公正，但戰利品沒有道德價值。

大體說來我們所關注的是，社會是否將（有價值的）榮譽給予那些值得得到該榮譽的人——即適當的榮譽是否被公正地分配。但榮譽的公正分配問題，比較屬於正義社會範疇而非有品社會。可供分配的社會榮譽是優劣等級概念（graded concept），人人平均分配的社會榮譽會是空虛的。

社會榮譽分配不正義的社會未必不是有品的社會。在我們有品社會（即傷害會構成羞辱）的討論中，榮譽概念不是分級概念。榮譽必須平等給予每一個人，只要他是人，不考慮他做了什麼。確實，（有價值的）社會榮譽分配不正義是一種不正義，但這不意味著有這種榮譽分配不正義的社會不是一個有品社會。

因此，在有品社會基礎上所需的榮譽不是社會榮譽的概念。否定一個社會的有品社會資格時，所使用的羞辱概念必須包括社會榮譽。如果我們想把有品社會建立在每個人都能平等獲得榮譽的概念上，則我們必須把研究從社會榮譽轉向人的尊嚴。從那些授予這種榮譽者的角度，我們可以討論對人的尊重，而從那些得到榮譽者的角度來討論尊嚴問題。但是，對尊嚴概念的理解也需要對社會榮譽概念的理解。

社會榮譽對我們討論有品社會尤其重要，因為社會榮譽的概念在歷史上演變出人的尊嚴，人的尊嚴概念相對是後來者。尊嚴一詞源自拉丁文「dignitas」，意指社會榮譽。以此類推，傷害人的尊嚴的羞辱概念是由社會羞辱概念演變而來的。因此，社會榮譽先於個人內在的榮譽，但這種優先只是歷史的，不是概念上的，即社會榮譽概念不是解釋人的尊嚴概念的邏輯必需。這種優先性體現為概念之間的演變，例如希伯來語中表示榮譽或尊嚴的詞 kavod 從形容詞 kaved（意為重的）演變而來。

總之，與有品社會相關的榮譽概念是人的尊嚴概念。這種榮譽是人應當得到的，對它的侵犯就是感到被羞辱的理由。但是，羞辱在這裡的含義是什麼？指侵犯自尊？抑或減損自豪？還是破壞誠信？或就是傷害人的尊嚴？對於「受到侵犯就是感到被羞辱的理由」的榮譽概念來說，這些用詞都可以考慮。

自尊與自豪

需要研究的第一對概念是自尊（self-respect）與自豪（self-esteem）。這兩個概念可以且應當在與有品社會的連結中加以區別[1]。兩個概念之間存在著因果上而非概念上的關聯。區別兩者的重要原因之一在於，尊重（respect）是人平等相待的基礎，而崇敬（esteem）則是將人分等級的依據。許多道德理論都要求我們純粹地把人類本身作為尊重人的基礎，但沒有一個道德理論認為我們應當僅因為他們是人而崇敬他們。

1 D. Sacks, "How to Distinguish Self-Respect from Self-Esteem," *Philosophy & Public Affairs* (1981): 346-360.（原註）

一個人可以只有自尊而沒有自豪，或者只有自豪而沒有自尊嗎？自豪的人（甚至滿腹自豪的人）缺乏自尊，這種現象不難發現。有些人我們很熟悉，他們對自己的成就評價很高，但在對他可能有利的權貴面前卻卑躬屈膝，這種人並不罕見。卑躬屈膝是一種奉承，有人利用這種手段對他人低三下四，使他人產生高高在上的虛假感覺，以此達到卑躬屈膝者的目的。卑躬屈膝者羞辱自己，旨在以犧牲自尊為代價獲得其他好處——與其自豪有用的好處。在伊斯特凡・薩博[2]導演的電影《梅菲斯特》（*Mephisto*）中，演員赫根向魔鬼（納粹）出賣自己的靈魂就是典型的例子（赫根這個人物就是以克勞斯・曼[3]對他的姊夫古斯塔夫・格林德根斯[4]的描寫為藍本）。現實生活中的理查・華格納[5]也許是另一個例子。如果有人像我一樣對組織的羞辱（並依此類推至對人在組織面前表現出來的人的尊嚴）感興趣，就一定要關注卑躬屈膝這種行為舉止，因為這是面對位高權重者的典型舉止。所以，卑躬屈膝者儘管缺乏自尊卻滿腹自豪，是我們不難想像或認識的形象。

為了說明自尊和自豪反過來也相互獨立，我們必須找到一個沒有自豪但滿懷自尊的人物形象。這種情況相比之下並不多見。一個人可以有較低程度的自豪，因為他對自己成就評價不高，儘管如此，他仍會保持他的自尊意識。這樣的人也許意識到他的成就是由別人來評價的，他非常嚴格地要求自己，以至於不能崇敬自己。對於這種完美主義者的情況，我們有理由懷疑他在內心深處能不能給予自己不僅非常充分甚至大大超出應有的評價。然而，這種心理學上的懷疑並不降低這種情況在概念上存在的可能性。我們在這裡描繪的人物形象從心理學上講有可能存在。一個人可以沒有自豪——儘管所取得的成功已經得到認可，但擁有不容妥協的自尊。這種自尊也許能夠表現為對個人基本權利的固守，或者表現為像克萊斯特[6]筆下的米歇爾·寇哈斯（Michael Kohlhass）一樣絕不出賣自己的誠實，也會冒險犯難，下定決心與傷害、羞辱他人的人周旋到底，即使那些人比自己強大。

我在本書開篇時曾提到，捷克共和國可以使其人民有更多的自尊但失去自豪。這觀點與我上面提出的沒有矛盾。捷克人不難發現自己正在失去自豪，因為他們在新的經濟和社會秩序中找不到自己應有的作用，但他們再也不用像在舊制度下那樣被迫妥協自己的誠信和自尊。問題

2 伊斯特凡·薩博（István Szabo, 1938-），匈牙利著名導演。
3 克勞斯·曼（Klaus Mann, 1906-1949），德國作家，湯瑪斯·曼的兒子，《梅菲斯特》是他的小說。
4 古斯塔夫·格林德根斯（Gustaf Gründgens, 1899-1963），德國著名演員及導演。
5 理查·華格納（Richard Wagner, 1813-1883），德國作曲家、劇作家，以其歌劇聞名。
6 海因里希·馮·克萊斯特（Heinrich von Kleist, 1777-1811），德國詩人、劇作家、小說家。

不在於現在的描繪是否正確，而是兩者有沒有矛盾。我相信沒有。

自豪是優劣等級的概念，這個觀點建立在人們相信自己的成就。然而，成就源自努力，而一個人的自豪卻可能靠不需要任何努力來支撐，例如貴族成員也許會仰仗他們的貴族血統而滋生自豪。所以，即使從道德的觀點看成就與努力掛鉤，但這並不是概念上的條件。就自豪與成就之間存在關聯的觀點來說，我不認為會對貴族成員構成問題，因為自豪很可能不僅基於實際成就，而且也基於對個人獲得成就能力的相信。貴族成員由於相信他們的家族（被他們認為是擁有偉業的）能夠保證他們具有成就和功績的天賦，所以把他們的貴族血統作為自豪的理由。他們的自豪不僅僅建立在他們是誰的後裔之上。

我一直認為，自豪建立在劃分優劣等級的特質之上，而自尊的基礎則可能在於其他特質。真實的情況的確如此嗎？無論是崇敬還是尊重，兩者都是自己給予自己的。但一個人的自我，或者說個性（即一個人有自己的判斷、自己的偏好、自己的原則）本身是通過努力取得的，而不是他人的贈與。一個人的個性是一個過程的結果，並不總能成功的過程的結果。易卜生名劇《皮爾金》（*Peer Gynt*）中鈕扣製作者，卡內提[7]筆下的群眾，都是沒有個性的上帝造物。如果一個人的個性是可劃分優劣等級成就的產物，那麼自尊如何才能建立在從屬的特質之上，而不建立在剛好如果那個人有極高的成就之上呢？對這個問題回答是：形塑個性的能力並不一定是人該被尊重的特性，即使我們認為個性是成就自尊之所需，但它不一定是能辨明自尊的特質。

不管怎樣，我在試圖證明，能夠辨明自尊的特質首先是從屬的特質，第二才是成就的特質。例如從屬於某個群體，只要屬於這個群體就能具有這種特質，而成為這個群體的典型成員則是一種成就。作為愛爾蘭人就是從屬，但做一個優秀的愛爾蘭人則是一種成就。能辨明自尊的某個特質也許是處在第二位的成就特質，但它必先有從屬特質。優秀的愛爾蘭人會相信所有愛爾蘭人都只因他們是愛爾蘭人而值得尊重。不僅如此，他會相信所有愛爾蘭人應當因他們是愛爾蘭人而自己尊重自己，即使只有優秀的愛爾蘭人才能把自己作為愛爾蘭人來尊重。然而，優秀的愛爾蘭人並不認為，只有優秀的愛爾蘭人才能把自己作為愛爾蘭人來尊重，會意味著允許其他人不尊重非優秀的愛爾蘭人。在我們的例子中，優秀的愛爾蘭人相信，因為他們是優秀的愛爾蘭人，因此應當得到特別的尊重，對優秀愛爾蘭人的評價是劃分優劣等級的評價。但所有愛爾蘭人因他們是愛爾蘭人而都應得到的基本尊重，則是一個平等主義的概念。倘若在我們這個

7伊利亞斯·卡內提（Elias Canetti，1905-1994），保加利亞裔小說家、評論家、社會學家和劇作家，其作品以德文寫成，一九八一年獲諾貝爾文學獎。

例子中，我們把所有「愛爾蘭人」換成「人類」，我一直想強調的觀點便清晰了。

誠信

也許會有一種觀點認為，羞辱人的社會是組織造成人民對誠信有所妥協的社會，是喪失人民誠信的社會。所以我現在想討論的是羞辱和誠信之間的對比。與自尊不同，誠信似乎是人們非常看重、含義非常厚重的概念，有誠信的人是不腐敗的。羞辱人的社會則是迫使有誠信的人民去敲詐勒索，逼迫他們接受卑鄙的妥協，例如只有加入黨派你的孩子才有資格上「好的」學校，只有檢舉揭發同事你才能保住工作。

我曾提出過，有誠信的人是不會腐敗的。但是，這裡腐敗的含義是什麼呢？是道德敗壞嗎？誠信和道德敗壞之間的關係是概念性的還是關聯性的？有一個只是關聯性而不是概念性的例子，即當籃球員和身高多高之間的關係，你可能身材不高但可以當一名籃球運動員。同理，有誠信的人通常是但不必定是有道德的人。一個冷酷、詭計多端的罪犯，如巴爾札克筆下的佛特漢[8]，或許是有誠信的人。佛特漢從文明和道德上講都不是正派的人，但他堅守自己忠於朋友的原則。佛特漢固然過著雙重生活——白天是受人尊重的中產者，夜間去犯罪，但他並不因此而奉行兩種道德準則。約翰・勒卡雷[9]筆下的史邁利[10]，也是過著雙重生活的間諜，但他的誠信則無可指責。亞道夫・艾希曼[11]是忠實的納粹分子，他絕不妥協自己卑劣的原則——收買他絕對不可能。與此相反，他的助手貝赫[12]則是一個腐敗的、可以收買的人。我們可以明確地說貝赫腐敗，但我們能說艾希曼是個有誠信的人嗎？我相信，我們對艾希曼是否有誠信的不肯定態度並不源自任何概念上的考慮，而僅僅出於他所堅守的原則具有非常明顯的不正當性質。

但是，對這些現象可能會有另外的解釋。艾希曼和佛特漢之間的差別也許在於：即使佛特

8佛特漢（Vautrin），巴爾札克小說《高老頭》中一個重要人物。

9約翰．勒卡雷（John le Carré, 1931-），英國著名小說家，以創作間諜小說聞名。

10喬治．史邁利（George Smiley），是勒卡雷數部間諜小說中的核心角色。

11亞道夫．艾希曼（Adolf Eichmann, 1906-1962），納粹德國針對猶太人大屠殺的主要責任人和組織者之一。以組織和執行「猶太人問題最終解決方案」而聞名，二次大戰後定居至阿根廷，後來遭以色列情報特務局幹員逮捕，公開審判後絞死。

12庫爾特．貝赫（Kurt Becher, 1909-1995），納粹德國中級親衛隊指揮官，曾擔任集中營的專員，並在德國占領期間擔任匈牙利親衛隊指揮部經濟部部長。他以在大屠殺期間用猶太人的生命換錢而聞名。

漢本人不是個有道德的人，他的忠實原則（是我們判斷誠信的人的依據）是有道德的，如對朋友的忠誠，而艾希曼的原則卻完全不道德。所以，有誠信和有道德之間雖然不存在概念上的關聯，但有誠信的人所奉行的原則，與這些原則是否有道德之間卻存在著概念上的關聯。但是，有誠信的人忠於有道德的原則，卻並不意味著他出於道德上的考慮才奉行這些原則，或者他道德地踐行這些原則。一個罪犯，即使他的忠誠不是因為懼怕西西里黑手黨的懲罰，也不可能出於道德上的考慮來忠實於朋友。

由此看來，如果一個社會組織能使詭計多端的罪犯背棄他的誠信（如告發其幫派），這個社會未必不是有品的社會，關鍵在於社會採用哪種手段來達到這個目的。我們有理由懷疑，倘若該社會中的罪犯確實是有誠信的人，他們的告發便可能是採用不恰當手段的結果，比如說刑訊逼供，這導致該社會不能被視為有品社會。然而，如果該社會通過道德上可以接受的手段來收買罪犯的誠信，比如說讓他們處於「囚徒的困境」[13]，便不構成羞辱。

總結來看，如果我們一定要把有品社會定義為不敗壞其人民的誠信的社會，那麼我們的定義未免過於狹隘。這種定義會把一個採用正當手段迫使罪犯背棄他們誠信的社會排除在有品社會的範圍之外。但是，如果我們所用「誠信」一詞屬於有道德的誠信，定義又過於寬泛了。一種社會秩序如果敗壞其人民有道德的誠信，就會製造羞辱人的社會。對有道德的誠信的踐踏即使不是必要條件，也夠充分足以把這個社會歸入羞辱人的行列。

尊嚴

還有一種觀點認為，有品社會是其組織不侵犯其人民的尊嚴（dignity）的社會。但這個觀點與有品社會是其組織不侵犯人民自尊的觀點有何區別？進而論之，尊嚴與自尊有何區別？

尊嚴與驕傲（pride）相近似。驕傲表現為自豪，而尊嚴表現為個人對自己作為人的尊重情

---

13 囚徒困境（Prisoner's Dilemma），博弈論中著名的案例。指兩個同案嫌犯（囚徒）被警方拘捕，為了防止犯罪嫌犯相互串供，警方採取了對嫌犯分別拘押和審理的策略。兩個嫌犯面臨坦白或者抵賴兩種選擇。然而，警察分別告訴嫌犯：如果兩個人都坦白，各判刑七年；如果兩個都抵賴，各判刑二年（因證據不足）；如果其中一人坦白另一人抵賴，坦白的放出去，抵賴的判刑十二年。囚徒陷入選擇的困境，囚徒的最優選擇就是「坦白，坦白」。因為在B坦白的情況下，A的最優策略是坦白，同樣在A坦白情況下，B的最優策略也是坦白。實際上，「坦白，坦白」就是最優策略，無論對方如何選擇，個人的最優選擇都是坦白，結果每個人都選擇坦白，各判刑七年。

感。尊嚴構成自尊的外部特徵。自尊是一種態度，是人對他們是人這一事實的態度。尊嚴由行為傾向組成，這種行為傾向表明，自尊是一個人對他自己的態度。尊嚴是用有尊嚴的方式證明一個人自尊的行為傾向。一個人可能有自尊但沒有尊嚴。自尊必須從反面來證明，而尊嚴則可以從正面來證明。即是說，當一個人的榮譽被侵犯時（即他被羞辱時），自尊便凸顯出來。此時，他的行為就是他的自尊的表示。相反的，有尊嚴的人則可以通過正面行為（不是回應挑釁的）來證明她的自尊。她用這種方式傳遞一個信號，即如果有人膽敢挑釁她的自尊，她會像獅子一樣反擊。

對於羞辱和侵犯權利之間的關係，我曾強調，侵犯權利，特別是侵犯人權，是羞辱的典型範例。但是，羞辱的概念大於侵犯權利。羞辱部分是羞辱行為的結果，而羞辱行為與權利之間沒有天然關聯。我現在對此補充一點：羞辱行為所侵犯的是受害者的尊嚴，而對權利的侵犯則只涉及人的自尊。尊嚴是自尊的表現。

倘若尊嚴是自尊的外部特徵，那麼它為什麼重要呢？或許，關注人的尊嚴涉及自尊的角色特徵，涉及他們作為有自尊的人所戴的面具。這樣理解會不會意味著回到亞里斯多德的錯誤上去？亞里斯多德在描述有「偉大的靈魂」（優越的人格形態）的人時，認為榮譽和恥辱至關重要。人們為他的鄰居所作的「秀」（「慢步走被視為符合優越的人格形態的人，深沉的聲音和平緩的語調……」；《尼各馬科倫理學》（*Nichomachean Ethics*），第四卷，第三章，第一一二五頁）被看作僅僅是「榮譽遊戲」——即某個不必認真對待的東西。亞里斯多德會為自己申辯說，他並不打算為那些想聲稱他們有優越人格形態的人當導演。他甚至詳細地描繪了人們把自己裝扮成有優越人格形態的人時是多麼滑稽可笑。他只相信，他所描繪的，是有優越人格形態的人真實的行為方式。

似乎尊嚴也如此。如果尊嚴是一個人自尊的行為表現，那麼，沒有這種自尊意識的人就只能假裝了。但是，尊嚴不是自尊的表現（presentation）而是再現（representation）[14]。

人們也許還會問，為什麼人對尊嚴如此認真，以至於把傷害它視為羞辱。崇拜上帝與聖潔這兩個概念之間存在著一種外在的關係，與尊嚴與羞辱之間關係相似，可以幫助我們理解這個問題。聖潔是與崇拜上帝的有關的戒律和禁律的境界，觸犯這些戒律就是對聖潔的褻瀆，也是對上帝榮耀的褻瀆。上帝的榮耀棲息在聖殿中，它需要特別的行為——聖潔而不是褻瀆。在《新

14 再現有別於直接表現，而是換了另一種方式，透過另一種媒介（行動、語言、圖像等）來重新再次表現，透過另一種媒介再現出來的可以當作另一種被討論的主體文本。

約聖經》中，「聖殿是聖潔的境界」這一觀點被保羅詮釋為「人的肉體就是神聖火花寄居的一座聖殿」。人的榮譽就是聖殿的榮譽，聖殿是神聖靈魂的棲息處。這個事實使人認為，這種聖殿就是值得安頓上帝榮耀的聖潔之地。侵犯人的肉體就是冒犯聖殿，意味著褻瀆上帝的榮耀和人的榮耀，因為後者是從前者衍生出來的。依此類推，人的尊嚴就是界定人的榮耀範圍的行為。

II

尊重的基礎

4 合理化尊重

人的哪個特質（如果有）能夠合理化人類僅僅因為他們是人就應得到尊重？在這個問題中，括號中的「如果有」不是修辭上的，我們極可能對「人類僅僅因為他們是人就應得到尊重」這個命題沒有任何合理解釋。我們最能夠做的，是提出一個對尊重人的懷疑論的合理解釋。

我們現在來考慮三種合理性解釋，即正面的、懷疑論的，和反面的。正面的合理性解釋試圖找出一個（或數個）屬於人類的，而且人類依其值得受到基本尊重的特質。懷疑論的合理性解釋旨在放棄尋找一個優於尊重態度的有合理性解釋的特質，轉而把尊重的態度作為起點，並從這態度中衍生出人類值得尊重的特質。反面的合理性解釋則放棄尋找人類依其值得受到尊重的特質，把注意力集中到為什麼「羞辱人是錯誤的」這個問題上。

本章將研究尊重人的正面的合理性解釋。這種正面的合理性解釋是由建立在信仰萬物創始（creation）和啟示（revelation）的宗教提供的。人是上帝按照自己的形象創造的，這是他們對人為什麼值得尊重這個問題所給的全部答案。這個答案的意義在於，每個人應得到的尊重程度取決於「映照的榮耀」（reflected glory）。能辨明尊重的並不是人的人性，而是人是神的映照（無論它是否被視為人的靈魂）、人的外形，或者其他可以被歸入「上帝按照自己的形象」創造的人的類別之中的任何東西。無保留的以及無條件的殊榮（在上帝的語境中被稱為讚頌），只有上帝才有資格承用，人只能得到「映照的榮耀」。這種宗教答案也回答了為什麼每個人都應得到同樣的尊重態度這個問題。每個人都是上帝按照自己的形象創造的，但人與人之間有差別怎麼辦？正如數學家研究無窮級數（infinite series）時可以對這些級數的有限截面之間的差別忽略不計一樣，在神面前，任何人在思索人之間的差別時，都應該對它們忽略不計。

尊重人的基礎是一種「映照的榮耀」，這觀點來自於宗教的世界觀，但是「映照的榮耀」這個觀點卻不限於映現上帝的榮耀。我們經常為「人」的成就而驕傲，而這些成就根本不是我們自己的成就。「人」征服了月球，「人」發現了脊髓灰質炎的免疫療法，「人」發明了飛機，這些成就其實是人類中部分個人的成就（即使宇宙航行需要很多人參加）。我們在這裡使用「人」類別概念，目的在於表明這些個人所取得的成就儘管不能分配給其他人，但均應被看作為全人類的成就。從美國太空人阿姆斯壯登月的事實來看，我認為，如果說我也登月了那簡直太荒謬，但登月的榮耀可以被分配給所有人並映照給所有人。「映照的榮耀」意味著不考慮「憑什麼所有人都值得尊重」的問題，你只需製作一份「人類成就」清單，並相信所有做出這些偉大事情的人都肯定會得到榮譽，然後就可以主張，這些成就的榮耀會照耀到人類所有成員。倘若佛陀、亞里斯多德、莫札特、莎士比亞和牛頓到達了人類的山頂，而我們儘管還在山坡上，也可以分享他們的榮耀。

然而，為什麼是人而不是啼鳥才配得上莫札特的成就所帶來的「映照的榮耀」呢？普遍的回答是，人是按莫札特的形象創造的，但啼鳥不是。不管是任何人，只要按同一形象創造，均配得上這一榮耀，所以莎士比亞是我們所有人引以為傲的來源。但「我們所有人」有什麼共同之處？日本的相撲運動員、倫敦蘇活區[1]的妓院老闆、南非索維托[2]的推銷員以及我之間存在著什麼共同之處，能賦予莎士比亞把他的「映照的榮耀」贈送給我們所有人的權力？為什麼這種「映照的榮耀」不贈送給範圍更小的群體，例如貢獻了莎士比亞和牛頓的英國人？為什麼這種

1 蘇活區（Soho），英格蘭倫敦中部的一個區，在十七世紀居住的主要是移民，現因其飯店、劇院和夜總會而聞名。
2 索維托（Soweto），南非東部城市，是約翰尼斯堡的衛星城市。

「映照的榮耀」不排除其他群體，例如沒有貢獻過任何有權把榮耀贈送給其他人類的阿爾巴尼亞人？

這只是「映照的榮耀」的觀點的問題之一。另外一個問題可以用下面這個例子來說明：人類跳高紀錄大約為比跳高運動員本人身高多十八英寸左右，但一隻跳蚤則可以跳到高於自己身高一百倍以上的高度。那麼，我們為什麼不因為這隻跳蚤跳得如此之高而討論牠的榮耀，並且將此榮耀賦予其他所有的跳蚤？跳蚤有如此了不起的跳高成就，我們為什麼不為牠們提供跳高訓練場地，反而要消滅牠們？

我們現在面臨著兩個互補的難題：(1)為什麼「映照的榮耀」不能賦予比全人類範圍更小的群體？(2)為什麼它又不能擴大到其他有能力取得比我們更大成就的生靈，如跳蚤？在我們把關於「映照的榮耀」的論證從上帝轉向跳蚤前，我就把「映照的榮耀」限於人類的這個問題提出辯護論點。以莎士比亞的形象存在的最窄範圍的自然類別是人類——智人。英國人不構成一種自然類別，因此他們不能作為「相似於我們因他而值得尊重的個體」最窄範圍的自然類別。同時，雖然靈長類動物也構成一種自然類別，而且即使其他靈長類動物也在不同的方面與人類相似，但牠們並不能滿足「最窄範圍的自然類別」的條件。以「映照的榮耀」的關係來說，人類是最窄範圍的自然類別。

但是，第二種觀點還有一個方面。即使人的特質應當被限制在人類的範圍之內，那我們如何能夠回應「每個物種都有自己值得的尊重，沒有理由把對人的尊重單獨挑選出來」這一觀點？這裡，最合適的答案是，每個物種確實有其自己值得的尊重，但對人的尊重與對牠們的尊重（如對豹的尊重）完全不同。如果豹的榮耀是因為牠們奔跑得最快，那麼我們便不能把牠們關在籠子裡，這樣才算尊重牠們。

以上的辯護似乎很乏力，但提出了一個很嚴肅的問題：為什麼「誰值得享有對人的尊重」這個道德問題適用的類別是自然類別？自然類別是經驗領域中一種具有解釋力的分類，我們可以用它進行許多概括和推測。但是，它為什麼適用道德問題？如果我們一定要把有權將榮耀贈送給他人的群體確定為成年男性，而且成年男性也構成這個群體的範圍最窄的自然類別，那麼我們是否因此限制了值得尊重的群體的範圍，並且排除了女性群體？我們應不應當確保德雷莎修女[3]在榮耀贈送者的萬神殿中佔有一席之位，以便使婦女們都能歸入「上帝按照自己的形象

3 德雷莎修女（Mother Teresa, 1910-1997），阿爾巴尼亞裔印度籍天主教修女及傳教士，一九七九年獲諾貝爾和平獎。

創造」的人的範圍之內？然而，即使我們假定範圍最窄的自然類別是智人，也還會出現一個問題，即為什麼自然類別適用於尊重人的道德問題？對人的尊重應當建立在與道德相適應的特質之上，而不是基於某個「自然」的成就。建立在自然而非道德意義的特質之上的「映照的榮耀」，即使能辨明為什麼賦予他們社會榮譽，也不能作為尊重人的理由。

至於對動物的尊重，這顯然是擬人化的尊重概念。我們之所以不特別尊重扇貝和蠍子，並不因為牠們沒有「成就」，而是我們不知道如何人性化牠們的成就（冷血動物似乎更不像人類）。有些動物，我們覺得有義務尊重牠們，是因為牠們在我們的文化中已經成為傑出的人性象徵。以鷹為例，牠象徵著自由和征服，把牠關在籠子裡，違背了鷹的本性，和把鸚鵡關起來相比，意義不同。當我們談論對動物的尊重時，我們實際上在談論尊重我們自己。動物園裡的黑猩猩被參觀者嘲弄地模仿牠的動作，我們擔心對牠的尊重時，實際上在擔心對我們自己的尊重。

我們現在進行的討論，即從宗教角度對能夠回答合理化尊重人，是「映照的榮耀」的觀點。這一觀點以不同的形式（偶爾會以奇怪的形式）出現，相當於人會把他們的榮譽賦予他們相關者：上帝把榮譽賦予人，地位高的人把榮譽賦予其他人，人把榮譽賦予「類人」的動物。

合理化尊重人類的特質

任何一種特質，如果作為能夠解釋合理化尊重人類的特質，都必須符合以下條件：

一、沒有優劣等級之分，因為尊重必須平等地給予人類所有人；

二、不屬於可以用蔑視、粗俗或侮辱性的話攻擊虐待（即可以為痛恨和不尊重提供理由）的類別；

三、必須在道德上與尊重人相關；

四、必須為尊重提供人道主義的合理性解釋——即合理性解釋必須僅使用人類詞語而不訴諸任何神靈。

康德說，他感謝盧梭教會他如何尊重人的本性。這不是一位動物學家感謝另一位動物學家喚起他對一種有趣動物的關注。盧梭喚起了康德對能體現人僅因為是人而具有的內在價值特質的關注。實際上，康德認為人性特質由以下幾種能賦予它價值的要素組成：

(1)是能確定目的的生靈，即能使事物具有價值的生靈；
(2)是具有自我規範（self-legislation）能力的生靈；
(3)具有自我完善的能力，就是不斷完善自己；
(4)具有成為道德行為人（moral agent）的能力；
(5)具有理性；
(6)是唯一有能力戰勝自然災害的生靈。[4]

這個清單還沒列全，但毫無疑問康德所列舉的能夠解釋合理化尊重人的特質符合道德適當的條件（條件三）和人道主義條件（條件四）。然而，這些特質不符合前兩個條件，即「沒有優劣等級之分」以及「不屬於可以被虐待的特質」。康德所列舉的特質是不同的人在不同程度上所具有的。一個人自我規範的道德能力大小因人而異，康德所列舉的特質是有等級高低之分的特質，不能辨明康德想辨明的命題——人類所有人僅因為他們是人而應被尊重。

與有優劣等級之分特質相比，更令人擔憂的是可以用蔑視、粗俗或侮辱性的話攻擊的特質。倘若某個人具有康德所列舉的特質，如具有過有道德生活的能力，但他卻明顯地過著不道德的生活，那我們為什麼要尊重他？相反的，一個人如果背叛他所具有的過有道德生活的能力，這一事實不能作為尊重他的理由，而應當作為蔑視甚至羞辱他的理由，他是他受命的任務的褻瀆者。根據這個觀點，具有做一個有道德人的能力的罪犯不值得被尊重，因為他們褻瀆了自己的人性——應該被當作尊重他們的來源的本性。與此相類似，我們沒有義務尊重追求邪惡目標（如納粹的目標）的人。對於藉著把其他人類關進死亡營來實現自己的目標的人，我們應該盡一切可能貶低他們的人格。把人作為自我目標確定者來尊重時，如果他們所確定的目標是卑劣的，其理由便不成立。確定目標的能力本身並不值得尊重，只有當所確定的目標有價值時才可能成為尊重的理由。我認為，尊重一種特質，就是把這特質作為有正面道德的特質來賦予其價

4 Immanuel Kant, *Groundwork of Metaphysics of Morals*, trans. H. J. Paton, 2nd ed. (New York: Liberal Arts, 1953), esp. p. 77; Kant, *The Doctrine of Virtue*, trans. May J. Gregor (New York: Harper Torchbooks, 1964), esp. p. 434; Lewis W. Beck, *A Commentary on Kant's "Critique of Practical Reason"* (Chicago: University of Chicago Press, 1960), esp. p.226; Victor J. Seidler, *Kant, Respect, and Injustice* (London: Routledge ,Chapman & Hall, 1986).（原註）

值。一個人也許還可以以他的邪惡特質（如美國強盜約翰．狄林傑[5]的勇氣和大膽）給人深刻印象，但在我的詞語中，給人深刻印象不代表尊重。約瑟夫．康拉德[6]塑造的非凡的敘述人馬羅[7]就對寇茲[8]的催眠魔鬼印象深刻，但他一定不會在道德上感覺到對他們的尊重。

批評的觀點認為，特質有優劣等級之分，故而不能作為平等地尊重每個人的合理性解釋。因此，所有在借鑑康德的特質清單來合理化尊重人時，都有一條針對該批評的清楚的辯護線。這條辯護線是：儘管特質有優劣等級之分，但人們仍應堅持認為有些特質是人至少應當具有的，它是確保給予所有人類基本尊重的門檻。超過這個門檻的任何特質，則屬於按具體某個人特質的程度和強度所給予的社會評價的基礎。這門檻是正當的，因為它保障了所有人平等地有資格得到基本尊重，超過它就背離了平等主義。讓我們以理性特質為例。我們可以認定，相對於動物，人先思而後行的能力是合理化尊重人的最低門檻。這最低門檻確保每個有能力根據理智來行為的人能受到尊重。理智的質量可以有優劣之分，用來作為對人的優劣等級評價的依據，但這種優劣等級必須與人的基本尊重問題分開來看。

倘若合理化尊重人的特質沒有等級之分地存在於每個人身上，而且對每個人來說只是能否足以具備獲得這種特質的問題，這便是一種很好的解釋。然而，如前所述，康德列舉的特質中也有可以用蔑視、粗俗或侮辱性的話攻擊的特質，人只要具有這種特質就不能保證不遭到負面評價。

康德列出的特質並不完全。例如，伯納德．威廉斯[9]提出了一個很有意思的命題，他認為每個人都有自己的觀點，自己有觀點是不能被別人替代的，因此具有唯一性[10]。對這個命題，人們立即就會問，為什麼人的觀點比同樣具有唯一性的指紋更有價值，富有更多的道德含義？但是，我們即便假定能找到對這個問題的答案，也仍無法回答會不會有負面的觀點這個問題。在伊阿戈[11]的邪惡觀點中，有什麼能使他值得受到基本的尊重？既然伊阿戈的觀點如此惡毒，為什麼這些觀點不是詛咒他的合理性解釋？即使我們承認伊阿戈的觀點對我們了解人性有很大

---

5 約翰．狄林傑（John Dillinger, 1903-1934），一九三三年因涉及一連串銀行搶劫案和至少三起謀殺案而被聯邦調查局宣布為頭號公敵的美國歹徒。他在芝加哥傳奇戲院前面同美國聯邦調查局探員的槍戰中死亡。

6 約瑟夫．康拉德（Joseph Conrad, 1857-1924），生於波蘭後來歸化英國的小說家，被認為是用英語寫作的最偉大小說家之一。

7 馬羅（Marlow），康拉德小說《黑暗之心》（*Heart of Darkness*）中的敘述者。

8 寇茲（Kurtz），康拉德小說《黑暗之心》中的人物。

9 伯納德．威廉斯（Bernard Williams, 1929-2003），英國道德哲學家。

10 Bernard Williams, "The Idea of Equality," in Joel Feinberg, ed., *Moral Concepts* (London: Oxford University Press, 1969), esp. pp. 159ff.（原註）

11 伊阿戈（Iago），莎士比亞劇作《奧賽羅》中的反派人物。

的幫助，但他的指導價值是純工具性的，不能提供任何內在價值，我們能夠學習的東西並不是每一個都有內在價值。無論如何，即使約瑟夫．門格勒[12]魔鬼般的雙重人生對我們了解人的忍耐力有所啟示，也不能因此減輕他的暴行。來自邪惡來源的訊息即使具有知識性，也不可能具有內在價值。即使我們認為伊阿戈或理查三世的觀點值得維護，但這不意味著合理化維護它是因為某種基本的尊重。

還有一個問題，即具有能夠合理化尊重的唯一觀點不能滿足道德適當的條件。有大量的觀點作為人的多種經歷來源對於人來講非常重要，可以幫助我們了解人的本質。因此，維護觀點的多樣性可能比在星球上和遙遠的銀河系上建立多個觀察站更為重要，但這不意味著這些觀點的持有者比我們觀察星系的大功率望遠鏡值得任何更多的尊重。

內在價值條件

我們現在繼續尋找能夠合理化尊重人的特質。康德對這些特質的選擇附加了一個限制條件，即這些特質應當能合理化給予每個人的內在價值，但應由這些特質來合理化的內在價值是什麼？

發現使用價值和交換價值之間的區別，至少可以追溯到亞當．斯密先生。使用價值是收益的價值，是在滿足人的目的時從某個物品中得到的；交換價值是這個物品促使他人放棄其他物品價值的力量，交換價值的別名是價格。在使用價值和交換價值的區別下面隱藏著一個觀點，即使用價值不光是、甚至不主要取決於人對該物品的主觀評估，而取決於它對實現人的目的的客觀貢獻。比如，儘管鑽石的交換價值由於它非常稀有，但它的使用價值卻很低。

顧名思義，物品的交換價值是建立在該物品可替代的理念之上。但是，使用價值也取決於替代的可能性，因為物品的使用價值就是它作為實現人的目的的工具時所具有的價值。工具都可以被替代。有時，這種替代也許在實現所期望的目的時效率較低，但替代的可能性始終存在。

相反的，內在價值是建立在有價值的物品是不可替代的理念之上。對約伯在他所經歷的令人恐怖的審判中所遭受的財產損失，上帝也許能夠補償賜給他新的財產。當然，當上帝贈給約

12約瑟夫．門格勒（Josef Mengele, 1911-1979），惡名昭彰的德國納粹親衛隊軍官和奧斯威辛集中營的醫師，因用活人作實驗而聲名狼藉。

伯的孩子其數量等於他死去的孩子兩倍時，便不能再視為補償和替代了。約伯的孩子所具有的內在價值即使是上帝也無法通過提供新的孩子來替代。

康德的中心觀點是，每個人都具有內在價值。這觀點並不意味著不存在可以用其他替代的方法來評價人的情況，而只是在某些情況下替代是不能被接受的。因此，康德認為，對於能夠合理化尊重人的特質而言，主要的限制條件是這些特質也必須能合理化賦予人類內在價值（不是使用價值而且更不是交換價值）。

功利主義的許多著名派別不接受這個觀點，他們否認能使人因其是人而值得尊重的特質，也一定是能夠合理化「存在著人不可替代的情況」這一觀點的特質。功利主義否認這條件是尊重人的基本條件。根據功利主義的觀點，內在價值的概念沒有任何道德意義，僅是說明某個東西對我們非常重要而因此不可替代的美麗修辭。所有這種不可替代性都意指某個對我們來說非常重要的東西，在正常情況下我們肯定會拒絕對它進行討價還價。但是，對人的每一種可怕處境而言，卻都存在著更糟糕的處境。避免陷於這種處境，說明了避免選擇更不幸的合理性，即使這種選擇如同（威廉・斯蒂倫〔William Styron〕小說中的）蘇菲的選擇一樣可怕。功利主義認為，在這種情況下，迴避選擇是道德上的怯懦，而不是可以了解人的內在價值的表現。內在價值的合理性解釋具有排他性。它主張，在某些必須討論人的替代的情況下，我們可以不進行正方與反方的辯論，因為那些命運已注定的人，都有一個不能貼上價格標籤，也不能用替代物的方法來評估的內在價值，即使這個「其他人」包括與一個人交換的許多人。

康德提出的能夠合理化尊重人的特質符合內在價值條件嗎？以「理性」這個特質為例，它的最純粹體現是天使，但在天使身上，所有個性都不會存在。用米迦勒[13]來替代加百列[14]並不是悲劇。這個直覺可以用亞里斯多德的說法來表達：人的個性是人之間的區別，而人的理性形式（rational form）則可由許多人共同擁有。於是，人的理性可以在共同擁有同一理性形式的人之間互相替代。按照這種觀點，威廉斯提出的人的觀點的唯一性，就是一種比康德的特質更符合不可替代性標準的特質。

對於能夠合理化尊重人的特質，在我的限制條件清單中，沒有包括康德的內在價值條件，即只有賦予內在價值的特質才能合理化人因為是人而受到尊重，而具有工具價值的特質不屬於這種能合理化尊重人的特質。如果我們對能夠合理化尊重人的特質加上這項限制條件，那麼，

13 米迦勒（Michael），《聖經．舊約》中猶太人的守護天使長。
14 加百列（Gabriel），《聖經．舊約》中七大天使之一，上帝傳送好消息給人類的使者。

不可替代性標準將會對探尋這些特質嚴格限制。

絕對自由當作合理化尊重人的特質

現在我們繼續研究能夠合理化尊重人的特質。在此之前，我們尚未區分能力特質與成就特質。能力特質是人達到所期望目的的潛力，成就特質則是人使用能力於其上的特質。不論是能力特質還是成就特質，都是具有優劣等級的特質，成就無法在人之間平等地分配，而且人之間能力的分配也無法平等。

我提出的能夠合理化尊重人的特質是建立在能力之上的特質。這個能力就是在任何時間點上重新評價個人生活的能力，以及從這時間點開始改變個人生活的能力。

這就是人痛改前非的能力。用這概念的世俗含義來講，即悔過自新的能力。我的觀點是人人具有這種能力，即使人與人之間悔過自新的能力有明顯的差別，但他們都因悔過自新的可能性本身而值得受到尊重。即使最可惡的罪犯也值得得到對人的基本尊重，因為他們具有痛改前非的可能性，而且如果給他們機會，他們會以有價值的方式度過餘生。我們這裡不討論高貴的人是否與他們的成就名副其實。建立在悔過自新可能性之上的尊重人，指向人將來會做什麼而並非他們已經做了什麼。人值得受到尊重的理由，並不是他們在未來改變生活能力的大小，而是他們有能力改變可能性本身。因此，尊重人意味著絕不對某個人不抱任何希望，因為所有人都能以與目前完全不同的方式繼續生活。

康德確實認為，人之所以值得尊重，是因為人不受大自然因果規律的左右，但康德所談論的不是「經驗主義的人」。我的觀點是，一個真正絕對自由的人才值得受到尊重。絕對自由指：一個人過去的行為、性格以及環境，雖然對他未來的行為有一系列影響，但卻不能決定他未來的行為。每個人都可以選擇與他的過去一刀兩斷的未來生活方式。人因此所應得到的尊重，正是建立在人沒有本質這一事實之上。「本質」意味著決定一個人行為的一系列性格特質。動物有本質，人類則沒有。

在語言學含義的概念和生活含義的概念之間存在深度的相似性。語言學含義承認過去的一系列用法有可能並不決定它在未來的使用，語言學的用法並不是提前鋪設的鐵路軌道，以至於唯一擔心的是火車頭出軌的可能性；生活意義的概念與此完全相同，不僅個人過去的全部行為不能決定一個人未來行為的道路，而且甚至一個人對他過去行為的解釋也能隨時重新評價。生活的火車頭可以按照駕駛人的意願改變方向，即使不同方向的行車難易有別。

如果一個邪惡的人獲得重新設計他生活的機會，但他經過自由選擇仍然選定邪惡生活，我們對此有何評價？這能算作對我們第二個特質（能夠解釋合理化尊重人的特質不能是可以用蔑視、粗俗或侮辱性的話攻擊的）的否定嗎？尼古拉．西奧塞古[15]相信，他的行為可以成為一個愛國者，他所做的一切是在發展他的國家，他的選擇是自由的。但是，這一事實存在任何價值嗎？艾希曼在耶路撒冷被判處死刑後承認他的納粹生活不是他自己的選擇，個人的選擇內容難道不應該是尊重的來源，而不僅是選擇的可能性嗎？我所提的這兩個惡徒，西奧塞古和艾希曼，活著與死去都像是壞蛋，他們的死無法為其贖罪。但我現在討論的尊重，正如我所強調的一樣，不是對過去成就的尊重，因此不能與一個人將來改變人生的能力的程度掛鉤。未來是開放，這是這種尊重的來源，尊重人就是認為：人的未來是開放的，人能夠通過行動或重新評價他們的過去，向好的方向改變他們的生活。

把．絕對自由作為尊重人的合理性解釋，這一提法帶來的問題顯然在於人類是否是絕對自由的。史金納[16]把尊嚴概念與自由概念恰當地結合了起來，但他認為尊嚴概念所需要的自由概念站不住腳。在他的觀點中，有自由和沒有自由，其區別就在於條件作用的隱性與顯性之間的區別。在隱性的條件作用下，外部觀察者很難觀察到刺激和反應之間的關係，但無論是隱性條件作用還是顯性條件作用，人的反應都受到條件作用的控制。在史金納的觀點中，作為不受刺激控制的尊嚴感是錯覺。個人最渴求的錯覺是用顯性的正面刺激替代反面的、令人厭惡的刺激。這就是小說《一九八四》[17]中的反烏托邦與《桃源二村》（*Walden II*）的烏托邦之間唯一的區別。

史金納認為，尊嚴是錯覺，因此，把社會理論建立在它的基礎上有很大的風險。相反的，理想社會一定要建立在正面的條件作用上。自由人與奴隸之間的區別，在於對他們起作用的刺激的性質：自由人享受著獎勵性刺激，奴隸遭受懲罰性刺激。對於一個過著罪惡生活的人來說，他的「再生」不是一項自由選擇的行為的結果，而是條件作用的結果。亞伯特·施佩爾[18]對其

15 尼古拉·西奧塞古（Nicolae Ceaușescu, 1918-1989），羅馬尼亞政治家，曾任羅馬尼亞總統，行獨裁統治，在一九八九年羅馬尼亞革命中被推翻。

16 伯爾赫斯·法雷迪·史金納（Burrhus Frederick Skinner, 1904-1990），美國心理學家。作為新行為主義代表人物，史金納以他關於刺激—反應行為的理論影響了心理學和教育領域。他的著名作品包括《桃源二村》以及《言語行為》等，史金納被認為是二十世紀最有影響力的心理學家之一。

17 英國的小說家喬治·歐威爾所著的政治小說。

罪行的懺悔，與《發條橘子》[19]中的亞歷克斯[20]經歷了運用精緻設備進行粗魯制約治療沒有任何區別。他們之間唯一的區別在於，在施佩爾懺悔中，我們看不到像亞歷克斯那樣的刺激。徹底改變一個人未來行為的可能性是制約的結果，而不是選擇的結果，因此不能成為人的尊嚴的合理性解釋。

我提出的能解釋人作為人受到合理化尊重的特質，即通常當事人改變自己生活的能力，取決於人類是否真的具有這種能力。然而，我們可以說，合理化尊重人的要義在於假定他們有這種能力，因為涉及褒貶的那種合理性解釋，是建立在人可以按其他方式行事的假定之上。所以，如果合理化尊重人所需的「人有自由」這個假定是錯誤的，那我的錯誤所涉及的不僅是能夠合理化尊重人的特質的選擇，還包括了證明在道德領域合理化辨明任何事物的可能性本身。

人的悔過自新的能力可以當作能夠合理化尊重人的特質，對這個觀點還有更嚴厲的批評，認為這種合理化方式不能滿足尊重不能給予可用於邪惡能力的情況。然而，如果能夠合理化尊重人的特質是在悔過自新過程中徹底改變人的一生的能力（即人能自由行事的能力），那麼，這種能力則是具有雙重作用的能力：它既能使人棄惡從善，也能使人棄善從惡。俄國小說家托爾斯泰筆下的謝爾蓋神父提供了一個實例，證明人的一生可以朝兩個相反的方面改變。只關注能力的棄惡從善這方向，是所有試圖找到能夠合理化尊重人的特質，而忽略其負面作用的人所犯下的重大失誤。

對於把人的悔過自新的能力當作是能夠合理化尊重人的特質的觀點，有的批評確實有許多真理。但是，在這個特質中也存在著某種使其區別於康德提出的各種特質的東西，包括適合於有道德的生活的特質。悔過自新的能力本身直接涉及特別尖銳的尊重人問題的情況，比如在人類過著罪惡生活的情況下。在這種情況下，為什麼連邪惡的人都值得尊重？

先讓我們來討論容易的情況，某個人過著有道德的生活，顯然因此應當受到尊重。但他也有不再過有道德的生活轉而去過罪惡的生活的能力，如果僅因為他有這種能力我們就不再尊重他，顯然十分荒唐。過有道德的生活的人之所以受到尊重，是因為他已經取得了成就，而不因為他有取得成就的潛力。一個人在其道德生活中所取得的成就，在沒有反證的情況下可以為他

18 亞伯特．施佩爾（Albert Speer, 1905-1981），德國第三帝國的首席建築師、軍備部長。
19《發條橘子》（*A Clockwork Orange*），英國作家安東尼．伯吉斯（Anthony Burgess, 1917-1993）的反烏托邦中篇小說。
20 亞歷克斯（Alex），《發條橘子》中的惡棍主角。

帶來將繼續過有道德的生活的推定，這推定是從實際地過著有道德的生活的事實中得出的。它與康德的「過有道德生活能力的特質」不一樣，不是一種人與生俱來就能得出的推定，必須通過努力才能獲得。

那麼，對於過著罪惡生活且非常願意繼續過這種生活的為惡者，該怎麼處理呢？可能性與推定是兩個不同的概念，一定不能相混淆。即使很可能他會繼續這樣生活，這種可能性也不能轉變為推定，因為理論上行惡者擁有改變生活和悔過自新的能力。這種能力意味著，即使他是一個不應當給予尊重的人，也應得到基本的尊重，原因恰恰是他有悔過自新的機會，無論這個機會有多小。

所以，從一方面來看，人選擇有道德的生活的能力值得尊重，因為這是一種已得到證明並能構成對未來推定的能力。另一方面來看，尊重應該建立在人類有能力改變他的生活的推定之上。

5 懷疑論的觀點

對於尋找能夠合理化尊重人的特質的問題，懷疑論者提出的觀點反映出其對這特質是否存在所持的懷疑主義觀點。懷疑論的觀點不是虛無主義的觀點。虛無主義的觀點主張，能夠合理化尊重人的特質不存在，這意味著人不應該受到尊重，因為他們沒有任何價值。懷疑論的觀點相反，它的論據是，在我們的生活中，人們相信人類值得尊重。懷疑論者沒有把這事實視為人的某個特質，而是對人作為人類受到尊重的最終合理性解釋。在懷疑論的觀點中，尊重人的態度比任何可以使他們值得尊重的特質都優先。

這個類推也許在此有助於理解。舊的、過時的經濟學理論試圖解釋一種令人困惑的事實，人願意用想得到的和有用的產品來和服務與紙幣交換，而紙幣作為紙的價值不能合理化他放棄那些產品或提供這些服務。對這種普通但奇怪的現象的解釋，過去的理論是：紙幣具有價值，因為它以黃金為本位，人們隨時都可以用紙幣兌換黃金。紙幣僅是其發行人的書面承諾，保證只要持有人提出要求即可將其兌換成黃金。這個理論的確建立在歷史事實上，但紙幣有價值卻不因為來自於它確實能兌換成黃金，而是因為人們願意接受這個事實。所以，紙幣的價值是人們賦予它的價值，除了人們接受它的意願之外，它不建立在紙幣本身的任何特徵之上。

根據懷疑論的觀點，人的價值的獲得方式也相似。人類之所以有價值，是因為他人賦予他們以價值，而不是因為任何能夠合理化這種賦值的人的優越特質。由於我們生活方式真正地賦予人類以價值，導致人類的特質，即用來合理化尊重人的特質，實際地寄生在賦予人類以價值的態度上。懷疑論的觀點把合理性解釋的關係顛倒了，認為人作為人而受到的尊重的態度的合理解釋不是人的某個特質，而是對人的尊重態度，是它賦予價值給人類的特質。

對懷疑論這種觀點，立即就會有批評指出：如果「我們的」生活方式真的包括對人作為人的基本尊重態度，其實是宗教觀點的殘餘，這種宗教觀點把人類當作上帝按自己的形象創造的，並把人當作亞當的後代予以尊重。然而，即使這觀點正確地描述了尊重人的態度如何通過神學方式在受宗教影響的社會中形成，這仍不能表明「上帝按自己的形象創造」的觀點是我們今天尊重人的合理化解釋。毫無疑問，人們願意接受紙幣的理由之一是歷史事實，即這些紙幣過去已經構成了本票，持票人可以按照自己的意願得到適當數量的黃金。儘管在絕大多數國家已經放棄了金本位制度之後，許多人仍繼續相信，紙幣仍保留著這種特徵。然而，即使這些歷史事實對人們尊重紙幣的意願提供了歷史解釋，但他們仍無法解釋這些紙幣市值的合理性，因為紙幣的價值目前僅建立在人們接受它們的意願之上，除此之外沒有任何基礎。同理，尊重人的產生背景並不是它保持其合理性解釋的背景。

另一個更尖銳的批評是，如果「我們的」生活方式確實是一種可以確保對人的尊重的生活方式，那麼所有建立在我們的生活方式之上的社會都會消滅羞辱，因而從定義上都是有品社會。所以，沒必要深入研究尊重人的來源問題，以便在此植根一個有品社會，因為這種社會已經存在，出現問題時才需要辨明。如果有品社會已經存在，幾乎是由社會性質預設並持續有效，便不需要辨明合理化任何東西。然而，人們確實覺得需要辨明，他們也許因為許多（甚至所有）社會都不是有品社會，這些社會正在踐踏人的尊嚴，連某些分享我們的生活方式的社會也這樣做。是以，把尊重寄託在一種被假定存在於我們生活方式之中的態度（一種假定的確保尊重人的態度）之上是不可能的。

實際上，這個批評認為，沒有必要合理化對人的尊重。倘若懷疑論的觀點成立，合理性解釋便沒有必要，因為它堅信這種有品社會不需要合理性解釋。然而，如果懷疑主義的觀點不成立（由於人實際上沒有被當作人而被尊重），那麼我們所指的合理性解釋也沒有任何意義，即使作為懷疑論的合理性解釋也沒有實質意義。所以，這個觀點無論成立與否，合理性解釋都沒有意義。

回應這個批評的方法，是把用尊重方式對待人的行為和尊重概念本身區別開。一個社會非常明白人作為人應當受到尊重，但從它實際對待其人民的方式來看，卻會是個羞辱人的社會。在這樣的社會裡，口頭上說的與實際對人尊嚴的作法之間有很大的差別，它的偽善是極好的例證，證明這些社會非常清楚人的尊嚴的概念和尊重它的必要。對於合理化尊重人的問題，懷疑論的解決方案所需要的不是用尊重的方式對待人，而僅是尊重的一般概念，即這種尊重的原則立場或方法。此外，一個存在著羞辱人意向的社會（從組織或個人方面講），其理論依據是假定羞辱者和被羞辱者雙方都共享同樣的人的尊嚴的概念，否則談不上什麼是羞辱行為。

另外一個擾人的批評提出，應當將討論分開進行，其認為建立在現存態度上的尊重的合理性解釋，很容易被種族主義直接用來（不需要任何理由）合理化解釋只尊重「優等」民族成員，並羞辱「劣等」民族成員。

種族主義者的懷疑論觀點

根據懷疑論的觀點，人因為有價值而受到尊重，其合理性解釋是我們有尊重所有人的態度。但這種尊重態度是有範圍限制的，並不指向所有人類。如果希臘人只尊重希臘人而不尊重野蠻人，猶太人只尊重猶太人而不尊重外邦人，日耳曼人只尊重亞利安人而不尊重猶太人，白人只尊重白人而不尊重黑人，那麼每個這樣的群體也許都有一個只尊重其成員而不尊重非成員的懷疑論合理解釋。非成員也許僅是由於他們沒有被尊重而不值得尊重。這種觀點帶來兩個問題：其一，為什麼所有人而不僅是部分人都應被尊重？其二，為什麼不把我們對人的尊重同樣給予其他生靈，比如跳蚤？

為了研究種族主義的觀點（即把人的尊嚴只賦予某些人而不是全部），我們必須區別「特質—種族主義」和「態度—種族主義」。「特質—種族主義」對屬於（從廣義來說）自己種族的成員賦予某種特質，只有具備這種特質的生靈才值得得到作為人的基本尊重，而其他不具備這種特質的成員被視為次等人而不值得得到這種尊重。一般來說，對於人的尊嚴的懷疑論合理性解釋而言，「特質─種族主義」者不構成問題，因為他們賦予自己種族成員而不賦予其他人的特質，是建立在經驗的、錯誤的種族主義理論之上，或者是缺乏道德關聯。因此，「特質─種族主義」不是懷疑論的種族主義。

特質─種族主義者提出一種棘手的情況──有智能障礙的人。這也是一種並非建立在某個經驗性錯誤之上的情況。對於這種情況，特質─種族主義者的錯誤是道德上的，而不是經驗性的。然而對我來講，智能障礙者的例子似乎構成一個重要理由來解釋，為什麼不能把尊重人的態度建立在康德的能夠合理化尊重人的特質（如理性、道德能力等）之上。這個例子也為懷疑論的合理性解釋提供了重要的論據。

特質─種族主義往往從智能障礙者開始，並轉向其他種族的成員。對猶太人和吉普賽人的「最終方案」（final solution），就是從把智能障礙者送進毒氣室的「安樂死運動」（euthanasia campaign）開始的。納粹德國的集中營起初也是用來消滅智能障礙者的。

就我所知，「態度─種族主義」並不是某個群體實際持有的立場，而是從概念上講可能存在的立場。態度─種族主義者說：「我不能解釋為什麼只有我的群體的成員值得尊重，你們這些普世主義者（universalist）認為這種尊重應當出於同一理由給予所有人，但事實上我的群體只對群體成員持尊重態度。而我們對其他被稱為人的生靈的態度，與你們對自己的寵物的態度沒有什麼不同。既然這是我們的態度，因此它便構成關於只尊重我們群體而非其他群體的懷疑論合理性解釋。不屬於我們群體的人都是沒有價值的，因為我們不賦予他們價值。我不明白你們這種把『人的價值』賦予所有人的膨脹態度，比我們生活方式的緊縮態度（只尊重我們群體的成員）有什麼優越性？」態度—種族主義也許又會說，雖然種族主義的通常形式是「特質—種族主義」，但這確實僅是一個不成功的理性化行為——把種族主義態度植根於所謂的客觀特質中的企圖。誠實的種族主義者認為，他們的生活方式中所存在的有限尊重態度，雖然表面沒有貼著貶義的標籤，可以作為他們種族主義的合理性解釋。這種態度構成了他們只尊重其群體成員的合理性解釋。

駁斥種族主義的方法之一是，由於現存所有形式的種族主義都是特質—種族主義，因此可以推論，甚至連種族主義理論也假定人的尊嚴是所有人都有資格擁有的尊嚴。種族主義者企圖反對這個假定，用其他種族成員某些假定的缺陷來否定他們的人的尊嚴，其論據微弱無力。但是，既然特質—種族主義是種族主義的唯一形式，我們在具體研究中便可以忽略態度—種族主義，它的重要性純粹是概念上的。與此同時，態度—種族主義對尊重作為人的每個人的懷疑論合理性解釋提出一個實在的問題。態度—種族主義提出的概念問題，不能用歷史上沒有人用過這種方式解釋種族主義合理性的理由而對其予以漠視。

對懷疑論的尊重人的合理性解釋，由於不可能找到一個合適的、能夠合理化給予所有人尊重的特質，而且還要設法應付「尊重人是我們的生活方式的一部分」這個事實，因此具有補充的作用：尊重人，不論他們屬於哪個群體，是最符合我們道德判斷的態度。換言之，如果從連續性一致性考慮，我們覺得建立在現有尊重態度的合理性解釋也是最恰當的合理性解釋。種族主義的態度，把人的尊嚴限於人類某個次群體，與我們道德判斷的其他部分不一致。我們道德判斷中所使用的第一人稱複數包括屬於我們生活方式的每一個人。我所說的一致性，不是與某些道德理論的一致性，而是與對我們生活方式的看法的一致性。這些看法並不一定都互相一致，但所有人都值得尊重的假定，能夠比其他任何觀點更好地把它們放在一起。

建立在一致性之上的合理性解釋，不僅要反對種族主義的觀點，還要反對把應給予人的尊重態度擴大到所有生靈的觀念。我們可以設想一種不同的生活方式，這種生活方式對動物的態度與我們不同，例如，惠特曼[1]在〈自我之歌〉中寫道：

牠們不擔憂也不抱怨牠們的處境；
牠們不會在夜裡無法成眠，為牠們的罪惡落淚，
牠們不討論對上帝的責任而讓我作嘔；
沒有一個是不滿足的——沒有一個因占有欲而瘋狂，
誰也不向誰下跪，或向幾千年前存在的同類跪拜。[2]

然而，即使不認為動物具有惠特曼賦予牠們的最高級的特質（而且對我們人類沒有任何批評），我們仍然可以看到一種不同於我們的生活方式，是如何被納入對生靈尊重的範圍之內的，不論是全部還是部分。那麼，問題便是為什麼給予基本尊重僅止於人類？對此，懷疑論的回答一定是：把尊重限於人類是有合理性解釋的，因為它比把這種態度擴展到一般的生靈，更適合於我們生活方式中道德判斷的整體性，而這並不否認我們對動物的態度亟待改善。但是，這種

1 華特．惠特曼（Walt Whitman, 1819-1892），美國文壇中最偉大的詩人之一，有自由詩之父的美譽。
2 Walt Whitman, "Song of Myself", *Leaves of Grass*, 32.（原註）

態度所要解決的問題不是羞辱而是殘忍，而且解決方案所關切的是動物的痛苦。而在我們的生活方式中，我們與其他人之間關係所要解決的主要問題是羞辱，解決方案是尊重。我們必須採取「尊重和懷疑」的姿態，面對於生活方式與我們不同的社會，宣揚把尊重的態度擴展到對所有的生靈，這些社會並不都有尊重人類的良好紀錄。

人類尊嚴的反面合理性解釋

從反面來合理化人類尊嚴，就是不追求提供尊重人的合理性解釋，而只提供羞辱人的合理性解釋。在某種意義上，這正是我們解釋有品社會所需要的全部理由，因為有品社會被反面定義為不羞辱人的社會，而沒有從正面被定義為保障人的尊嚴的社會。

反面的合理性解釋不是懷疑論的合理性解釋。其理論依據是：人是能感受疼痛和苦難的生靈，造成這種感受的不僅是給人造成肉體痛苦的行為，也有帶有象徵意義的行為。用恩斯特・卡西爾[3]的話來說，人是「象徵的動物」，即生活在象徵中的動物。人感受象徵導致的痛苦，加上感受肉體疼痛的能力，構成能夠合理化不羞辱人的特質。這論據的完整含義如下：殘忍是終極的邪惡，禁止殘忍是最高的道德戒律；羞辱是從肉體向心靈殘忍的擴展，是一種精神上的殘忍；有品社會必須承諾不僅在其組織中消滅肉體殘忍，而且要消滅這些組織所造成的精神殘忍。

不同的人在承受精神殘忍和忍耐肉體痛苦的能力各不相同，有些人對羞辱極其敏感，他們全部的精神都被羞辱的展現撼動。有些人對羞辱的展現無動於衷，或是因為他們臉皮厚，或者是因為他們有完備的自我欺騙的機制，能夠把唾沫當作雨水來看待。這不會使能夠合理化不羞辱人的特質，變成按照對痛苦和傷害的敏感度來劃分優劣等級的特質嗎？不會使他們對潛在羞辱受害者的態度，變成按照對痛苦和傷害的敏感度來劃分的態度嗎？

最後一個問題涉及我們對能夠合理化尊重人的特質的限制條件，包括能夠合理化尊重人的特質，不應當成為合理化尊重有優劣等級之分。但是，這些條件並不適用於反面的合理性解釋，因為不羞辱人的要求的合理化解釋來自於避免殘忍的需求，而羞辱被視為殘忍的特徵。關

3 恩斯特．卡西爾（Ernst Cassirer, 1874-1945），德國出生的著名哲學家、符號學家。

鍵是不能殘忍地對待人，而且不能出現平等問題。我們所需要的是不羞辱與平等地不羞辱，在反面的合理化解釋中絕對不能出現將人忍受痛苦的能力劃分等級的問題。

對於以上分析，可能會有以下的批評：認為羞辱是精神殘忍，因此是不道德的，而且殘忍中體現的罪惡不需要示範。這種觀點犯了常見的錯誤。「精神殘忍」一詞屬於包括「精神滅絕」和「精神病」之類的語境範圍，都假定這些名詞具有雙重意義。滅絕有肉體滅絕和精神滅絕兩種，疾病則包括生理疾病和精神疾病兩類。同理，殘忍也包括肉體殘忍和精神殘忍。肉體殘忍建立在肉體痛苦之上，而精神殘忍則建立於心靈痛苦之上。當戈爾達・梅爾[4]談到用精神滅絕的方法（她認為比在毒氣室裡進行肉體滅絕更糟糕）同化以色列人時，以及當人們因為患有精神病被關進精神病院時，他們都會犯這種錯誤。這裡假定有一詞組由名詞和形容詞組成，像是「圓桌」和「方桌」這種組成。但英文圓桌這個詞組（round table）還另外有「平等地進行討論」的習慣用法，而且在這用法中這個詞組的意義不是英文的圓形（round）和桌子（table）的組合；同樣的，「精神滅絕」的意義也不是從精神上進行滅絕，精神病也不是精神上的病。批評者也許會認為，這種情況在精神殘忍的意義中也存在。羞辱就是羞辱，羞辱相當壞，但它不相似於而且也不構成使用其他手段的精神虐待。十七世紀作家瑪麗・德・賽維涅[5]有一句名言：「生活中除了嚴重的身體疼痛外沒有真正的疾病，其他所有的東西都是想像的結果。」批評者們指稱，這應當被視為警告。肉體殘忍確實是一切邪惡之母，羞辱次之，是尋常的惡行。

我對這種批評觀點的回答是：以羞辱的方式表現出來的那種精神殘忍，是字面意義上的殘忍。在絕大多數情況下，羞辱行為總是伴隨著肉體上使人痛苦的行為，形式為辱罵加傷害。瑪麗．德．賽維涅的警句無疑包含著真理的內核，但它的外殼卻令人誤解。這個真理的內核應當理解為：從短時期來看（一般指肉體痛苦），絕大多數人寧願選擇不惜一切代價去擺脫它，甚至包括以受羞辱為代價，但並不意味著在長期條件下這也是人們明確的首選。羞辱所遺留下來的心理創傷，比某些僅承受肉體痛苦者的生理創傷更難治癒。批評的觀點或許會反駁道：這是比喻性謬誤的另一實例，「羞辱的疤痕」不是疤痕，「心理的痛苦」不是痛苦。羞辱如果被聯繫上其中的一個含義便不是殘忍。但是，我會繼續反駁說：羞辱不僅限於象徵的行為，它也可能帶來肉體痛苦；心理上的虐待是殘忍的題中之義。因此，消滅一切形式的殘忍這一最高戒律包括消滅羞辱。肉體殘忍和羞辱之間的密不可分可以用一篇報刊文章來加以說明：這是刊登於

4 戈爾達．梅爾（Golda Meir, 1898-1978），以色列女性政治家，是該國的創國者之一及第四任總理。
5 瑪麗．德．賽維涅（Marie de Sévigné, 1626-1696），法國作家，所寫的信函乃是書信體文學劃時代的典範。

一九九一年十二月月二十九日《國土報》（*Ha'aretz*）上題為〈羞辱到卑鄙〉（Humiliated into the Dirt）一文，探討了新兵在陸軍基地遭受的羞辱：

> 上士曼尼．莫爾命令士兵雅各布．耶海茲克爾拚命喝水。當這個可憐的士兵開始嘔吐時，上士一邊強迫他繼續喝水，一邊跑去叫來部隊裡其他士兵來模仿他嘔吐的樣子。殘暴！下士攸瑟夫．戈海把沙子踢向躺在地上的士兵的臉，還強迫一個士兵用他受傷的手抬起重物。更殘暴！莫爾和戈海取笑另一個有口吃的士兵，在大家面前模仿他口吃的樣子。

對人類尊嚴的反面、間接的合理化解釋，旨在合理化不羞辱，其理論依據是對人的任何殘忍和獸性都是不道德的。但是，這種羞辱的殘忍（例如當眾模仿他人的口吃）只會給人帶來痛苦，有品社會是徹底根除虐待（羞辱在有品社會中是虐待的特殊形式）的社會。消除所有殘忍（包括羞辱）這一要求並不需要任何道德上的合理性解釋，因為阻止殘忍的行為是有道德的行為典範，這便是合理性解釋的目的。

6 獸性地對待人

「把人當作人對待」，這句話相當古老，反覆出現在本書中，但其含義卻並不明確。明確其含義是詳細解釋羞辱概念的重要部分之一，因為在很多情況下，羞辱某個人就是把他當作非人對待。然而，把人當作非人對待又意味著什麼？這種情況是否存在於現實之中？

說明該問題必須採用對比的方法；我們必須說清楚哪些對待人的方法與把人當作非人對待的方法（會導致羞辱人）之間存在明顯的對立，最後還要排除那些把人當作非人對待卻不羞辱人的情況（如把他們當作神和天使）。

把人當作非人對待的方式有若干種：一、把他們當作物品對待；二、把他們當作機器對待；三、把他們當作動物對待；四、把他們當作次等人（包括把成人當作兒童）對待。

還有一個在歷史上非常重要的方法，即把人排除出人類共同體——將某些個人和群體視為散布絕對邪惡和毀滅人類的魔鬼。十六和十七世紀吞噬歐洲的獵殺女巫狂潮，就是妖魔化的直接體現，將不幸的人（通常是婦女）與邪惡世界相聯繫。納粹將猶太人妖魔化不是從字面上將其與邪惡世界聯繫起來，但納粹把非人類的邪惡特質和摧毀的欲望指向了「猶太種族」。

妖魔化的壞處在於邪惡的面向。神化（即把一個人化身為神，如法老王）同樣是把人排除出人類共同體的方法，但是，神化賦予人高貴的超人特質，而妖魔化則把邪惡的超人特質強加於人。妖魔化涉及兩種羞辱意識（即排除出人類共同體，和喪失對自己的控制）之間的緊張關係，妖魔化包括第一個但不包括第二個。相反的，它往往伴隨著一種世界陰謀理論。

許多社會將外來的敵人，而不是其社會的成員或直接從屬他們的人給妖魔化。我把我的討論限定在一個社會是否羞辱從屬它的人這個問題之上。我不討論有品社會是否也不應當毫無節制地羞辱外部敵人問題（如在戰爭宣傳中），因此，根據我的定義，有品社會不會利用組織來妖魔化從屬它的人們。同時，我也願意在不補充任何論據的情況下再提出一個觀點，即有品社會必須節制對外部敵人的羞辱，例如不能透過妖魔化來將敵人給非人化。

我們必須將「把人如同是（as if）物體對待」與「把人當（as）物體對待」這兩種方法加以區別。前一種情況中，物化他人者實際上不相信所涉及的人是物體，但他卻用這種方式來對待人；在後一種情況中，物化他人者真正地相信物化行為（thingish behavior）所指向的人是物體。把人如同是機器對待，與把人當機器對待，或者把人如同是動物對待，與把人當動物對待之間的區別，應當與我們的前述相類似。

人類顯然既是物體也是動物，甚至是機器。然而，他們不僅是物體，或者不僅是動物，而且他們也肯定不僅是機器。「把人當物體對待」意味著把他們僅當作物品，把人當動物或機器也與此相似。

我也許會主張，人可以把他人看作如同是物體、如同是機器、如同是動物，但人不能（病理情況除外）真正地把他們當物體、當動物，甚至當機器對待。人不能把他人當物體對待的意思，類似於人在正常情況下不能看見一隻猴子就把猴子視為活動扳手。這不僅僅是概念上的不可能，也不僅僅是事實上無法如此。

這種觀點必須用人的長期待遇和短期待遇的區別來詳細解釋。在匆忙趕火車時，我們可以不注意賣給我們火車票的是和我們一樣的人還是售票機。然而，即使在這種情境中，如果我們意識到我們向售票機道謝了，我們會很難為情。即使我們把短期概念從購買一張火車票所需時間，延長到完成一次外科手術所需的時間，我們肯定會發現這種行為很容易被直接描繪成把人當機器對待的行為。一個外科醫生完全可能把手術檯上的患者當作（生物的）機器對待。醫生通過監視器來觀察人體的功能，其方法與太空控制中心工程師處理運轉不正常的衛星一模一樣。但是，即使在諸如此類的情況下，我們也期望外科醫生以一種與獸醫為牛開刀所不同的方法，來醫治手術檯上被麻醉的患者。而且，我們期望無論是醫生還是獸醫，都持有與進行衛星機械修理工作不同的態度。這種區別是看得見的，例如是在手術不成功的情況下。

不管怎樣，我們討論的第一步涉及在長期條件下把人直接視為物體或機器的可能性。我們已經否認了這種可能性，除非觀察者處於病理狀態（如自閉症），或者被觀察者處於病理狀態（如「植物人」，其不可挽回地失去意識和認知功能，只靠醫療設備人工維生）。植物人不幸的例子也許會使我們（甚至在很長一段時間內），把連接在醫療設備上的人體視為一種沒有生命的物體而不是人。這種情況也許只有在長期條件下才會出現，因為在患者昏迷初期，他身邊的人都在尋找所有可能會出現的生命跡象，將他視作物體的情況是到了後來才會發生。

從病理狀態的例子，可以幫助我們理解什麼叫作對人特徵的盲目。我說的是人對他人的長期態度中的對人特徵的盲目，接近於色盲的字面意義。如果某個人主張對膚色色盲來實現種族平等，並非她如字面上沒有能力區分黑與白，而是指她對待黑人和白人的態度不會受到膚色的影響。然而，我所談論的是一種直接的感受，而且問題在於什麼叫作看不到一個人身上存在的人的特徵。

首要的問題是，能看到一個人身上存在的人的特徵意味著什麼？更確切地講，在長期條件下把人看作是人意味著什麼？這即是我們如何看待人？對此問題的討論會澄清我們如何對待人這一問題。在對以上問題的各種答案之間存在著內在的關聯性。

看人

畢卡索「藍色時期」[1]的作品從字面上理解是藍色的畫，也是一種悲傷的繪畫。繪畫並不一定會使我們悲傷，而且作畫所使用的亞麻帆布也肯定不會感到悲傷。是繪畫表達了悲傷。一幅繪畫如果從非字面意義上體現「悲傷」的標籤，就能表達悲傷。繪畫不是某種可以感受情感

---

1 藍色時期（Blue Period），畢卡索在這個時期作品背景呈藍色，人物藍，頭髮、眉毛、眼睛皆藍，藍色主宰了他的一切作品。那時候的藍色，是貧窮和世紀末的象徵，於是作品多表現一些貧困窘迫的下層人物，他們的形象消瘦而孤獨，由於貧窮生活在社會底層，這類題材的油畫，畫面總充滿著一層陰冷的藍色調。

的東西，因此從字面意義上不能講它是悲傷的，但從非字面意義上卻可以說它是悲傷的。第一個提出這種區別的尼爾遜·古德曼[2]會說，悲傷在繪畫的表現用語言學語彙講是「悲傷」的隱喻例析（metaphorical exemplification）[3]。我在這裡猶豫使用「隱喻」這個詞，因此便改用普通詞彙「非字面意義上」。我的猶豫來自於一個爭論：隱喻的必要條件通常認為是原則上可以用其他形式或詞語來釋義，但「畢卡索的這幅繪畫是悲傷的」這句話卻似乎無法用任何其他方法來表達。

一幅悲傷的繪畫也並不一定是一幅使我們悲傷的繪畫。我們不一定以悲傷的心情來欣賞和理解這是一幅悲傷的繪畫。畢卡索的繪畫從字面意義上和隱喻角度看都不是悲傷的，但從非字面意義上講它卻是悲傷的。用維根斯坦的術語來解釋，那幅畫從次要意義上講是悲傷的[4]。一個表達的次要意義就是非字面意義，而且也不能用其他形式或詞語來釋義。

在他最後一次的告別演說時，戈巴契夫的悲傷面部表情不是字面意義上的悲傷，從字面上講，悲傷的是戈巴契夫本人，不是他的臉。把戈巴契夫的臉視為悲傷，意味著看到他的臉正在表達悲傷。把人當人對待，就意味著看到他的肉體正在表達靈魂。換言之，用非字面意義當範例的精神術語（既不是次要意義上，也不是隱喻意義上的）講，是看到了人的肉體及其組成部分。當我們用通俗詞彙來表達所看到的人的表情時（如這個人擁有一副友好或有思想的面孔、一副憂鬱的或幸福的表情），我們就把他們視為人了。當我們看到一個人的面孔時，我們不會首先注意到他臉上的嘴唇是向下呈弧形的、眉毛是短的、頭接在胸上，以及面頰帶有灰色紋理，然後自問該如何形容這副面孔。我們一看到嘴唇向下撇就會把面孔看成是悲傷的，這是直接的而不是假定測試和從證據推導出來的結果。解釋是一種自發，但我們所看到的卻不是自發的。我一看到戈巴契夫前額上的那塊紅色胎記就看到了他面部的悲傷，我不會把這兩樣東西中任何一樣看作是我決定把它們看作什麼的結果。我用人的特徵來看人，不是選擇或決定行為，而是因為我不能以其他方式來看他們。顯然，不論我在身體（字面的）標誌下，還是在心理的標誌下（從次要意義上講）來觀察某個東西，我都可能會看走眼。例如，戈巴契夫的胎記可能不是紅色而是深藍色，而且他的面孔也可能不是悲傷而是絕望。然而，看走眼的可能性不會使我的

2尼爾遜．古德曼（Nelson Goodman, 1906-1998），美國哲學家，以反事實條件、分體論、綠藍和藍綠問題、非現實主義和美學而聞名。

3 Nelson Goodman, *The Languages of Art* (Indianapolis: Hackett, 1976).（原註）

4 Ludwig Wittgenstein, *Philosophical Investigations*, trans. G. E. M. Anscombe (Oxford: Basil Blackwell, 1958), pp. 193-219.（原註）

視覺變成推測。

總和觀點相當明確：我把你的眼睛看作是嘲笑人的，把你的手看作是緊張的，就像我把你的眼睛看作是藍色的，和把你的手看成是彎曲的。我僅僅是看見它們。但是，正像我把你的眼睛看作是嘲笑人的，和把你的手看成是緊張的一樣，我把你看作是人，而且我不能把你看作是其他東西。把一個人看作是人並不要求我們在他肉體上所看到的東西也能在心理標誌（從次要意義上講）下看到，但這不表明觀察者必須有能力用心理術語來描述他看到的情況。觀察者可能會不善於表達，但他可能會用繪畫、手勢或者某種間接的口頭方式來描繪他看到的東西，而我們可以由此推斷出他把其他人看作是人。

如果把人看作是人，就是看到他們貼著人的情感和行為特徵的標籤，那麼，什麼是持續地把人看作是非人呢？什麼是對人的特徵的盲目？史蒂芬・穆哈[5]深入調查了看見特徵的問題，他建議把對人的特徵的盲目解釋為，在人身上只看到能用顏色和形狀表達的東西[6]。一個人性盲目的人只能用身體描繪來看人，他沒有能力用心理描繪來看人。這樣的人並不一定是對人的心理沒有感覺，但對人性盲目的人來說，人的特徵是通過推理而不是直接觀察得到的。有這種障礙的人就像盲人，知道汽車遇到紅色的信號燈才停下，所以推斷出燈是紅色的，即使他看不出燈的顏色。人性盲目不一定在於他對他人的態度是否具有人性，而取決於他們如何通過推理來彌補他們的人性盲目。

如果這就是人性盲目的含義，那麼顯然應當將其視為一種類似於色盲的病理，只不過這個人所盲目的是人身上的人的特徵。人性盲目不涉及選擇或決定，正如色盲不涉及主觀故意一樣。即使我們接受上面提到的關於把人看作是人和人性盲目的解釋，我們仍然不承認它對於我們對人的普遍態度的重要性。不管怎樣，林布蘭[7]的繪畫對於讓我們在人的身上看見人的特徵的作用，是其他任何繪畫都比不上的。但是，我們並不因此相信林布蘭的油畫布和顏料就是人，或者認為我們必須把它們當作人對待。我們把林布蘭的耶利米[8]畫像掛在博物館的牆上，並認為這是對畫像合適的態度，雖然這樣對待耶利米本人也許不亞於把他扔進深淵那麼羞恥。從一幅畫中看到人的特徵，完全不同於從人的肉體上看到的人的特徵。看到不是相信。我在水中看到

---

5 史蒂芬．穆哈（Stephen Mulhall, 1962-），英國牛津大學新學院哲學教授，研究領域主要在維根斯坦和後康德哲學。

6 Stephen Mulhall, *On Being in the World* (London: Routledge, 1990).（原註）

7 林布蘭（Rembrandt, 1606-1669），被認為是荷蘭史上最重要的畫家。

8 耶利米（Jeremiah），西元前七世紀和六世紀的猶太大先知。

的手杖是折斷的，對此我不能左右，但這不能迫使我相信它確實是折斷的。那麼，看到人的特徵的目的是什麼呢？如果這種觀察可以被運用於諸如油畫布那樣的無生命的物體，它是不是不限於人？如果看到人的特徵並不一定是僅適用於人類的某種東西，那麼把人看作是人和把他們當作人對待之間存在什麼聯繫呢？

人們會以兩種不同的方式來觀察繪畫中的人的形象（包括繪畫中的其他東西）：一是把他看作是畫中的形象，一是把他看作有外延含義的形象。林布蘭母親的形象可以以兩種不同的方式來評價：其一，認為所畫的形象與母親本人沒有任何聯繫；其二，把它與畫外的人聯繫起來。當一個藝術家不用模特而根據他的想像就畫出人像時，繪畫中的人像沒有任何畫外聯繫，但問題是當我們在畫外辨認出來的人的形象與畫中的人像極相似。與林布蘭繪畫存在聯繫的畫外形象，是歷史上的耶利米，還是林布蘭在畫耶利米時所用的模特兒？呈現人的特徵的畫外形象是那個模特兒的形象。

從繪畫外的人的形象在繪畫中的再現來看到他的人的特徵，與看到一個畫中人像的人的特徵，兩者之間存在區別。在前者畫外形象情況下，繪畫可以被看作是人物肢體表達的自然延伸來表現其靈魂。甚至連戈巴契夫在他辭職演說中的面部表情，我們絕大多數人也僅是在電視上看到，但即使我們未能看到戈巴契夫本人，我們無疑看到了戈巴契夫的表情。對於有畫外人形的繪畫而言，原型和被觀察到的人形之間的差別程度，要大於原型和電視螢幕上的形象之間的差別程度，但兩者之間仍屬於同一連續體。即使畫中的人形會引起觀者對畫外的原型的某些反應（例如去親吻所愛人的畫像），也用不著擔心畫中的人像會與畫外的人的形象互相混淆。母親在別人誇獎她的女兒很漂亮時會答道：「哦，沒有什麼，你應該去看看她的畫像。」此時，這位母親很可笑，卻並不糊塗。無論如何，一幅由畫外指向某個人的繪畫中所包含的人性的特徵，就是通過這幅繪畫所看到的畫外的人的形象。在這裡，畫猶如一面鏡子。

餘下的問題涉及畫中只有與畫外人無關的人像繪畫。在這種情況下，是誰、是什麼被看作是人？這個問題提出一個必須澄清的隱含疑問。偶像崇拜的反對者經常擔心，通過偶像手段來表現神將會導致偶像被視為神本身而不是神的代表，這是禁止偶像崇拜合理性解釋的來源之一。但是，有人真的懷疑如果將一幅繪畫或一尊塑像看作是人，會把對只適合於人的態度轉移到他們身上，以至於畫中人和畫外人之間的區別消失嗎？我們沒有理由相信，對上帝可能會被偶像替代的擔心曾有任何現實基礎，也就是說，已經有某個人誤以為偶像就是上帝。關於這個問題，我將會在其他場合詳細討論[9]。然而，用人的畫像來代替人的問題，除非在真正的病理狀況（例如痴情的拜物者守在娜芙蒂蒂[10]塑像旁邊不離開）外，人的畫像不會是人。在正常的情況下，即使我們把人的畫像看作是人，我們也不可避免地會看得到這個畫像的非人特徵，如畫像所使用的形狀和材質，畫像不是用肉和血製成的，以及畫像從字面意義上講是無生命的。即在人像繪畫中，人的特徵掩蓋不了他的非人特徵。

更加令人困惑的問題是，能把人看作是從字面意義上講的獸嗎？我們看人時所根據的某些心理角度也適合於獸，但我們通常依據只有人所特有的（心理）暗示來看人。笑，就是這樣的一種特徵。正如維根斯坦所指出的那樣，獅子不會笑，即使獅子的嘴角向上微微彎成弧形並且眼睛發亮，我們也不能說牠在笑。

對於只有在病態狀況下人才會持續地把人看作是非人的觀點，有人會反對說，所有理解「小夥子」緊盯「漂亮女生」看的人都知道，看到人身上的非人特徵是一種常見的事，沒有什麼不尋常。男人僅僅通過女人的胸部和嘴唇的弧線、皮膚曬黑的程度和頭髮的顏色來看女人，這些男人看不到女人的人的特徵。他們完全用形體和膚色來看女人，換言之，他們是人性盲目。

然而，真是這樣的嗎？我不否認有些「小夥子」以剛才所描述的方式來看「漂亮女生」，但我認為，即使最粗俗的男人也不僅從性的角度去看女人。他們可能會很注重性感外表，如膚色和身材、體重及身高等，以刺激他們對女人的性欲，但我不能苟同他們看不見人的微笑。「小夥子」看「漂亮女生」的傻相從許多方面講很讓人失望，卻並不是用於解釋人性盲目的字面意義的例子，這是我們在此要注意的。

無視人與把人看作是次等人

有一種觀點提出，當一個人把他人看作是非人時，羞辱就已經在他的眼中出現了，我不贊成此觀點。如果羞辱人的人真的能（從字面意義上）把他人看作是非人，那麼從字面上看，對這個他人來說會有感到被羞辱的足夠理由。然而實際上，羞辱者並不一定把他人看成是非人。人都把他人看作是人，這種特徵並不一定是人道主義的、富有同情心的看人方式。人的看人方

9 Moshe Halbertal and Avishai Margalit, *Idolatry* (Cambridge, Mass.: Harvard University Press, 1992).（原註）

10 娜芙蒂蒂（Nefertiti），公元前十四世紀埃及法老阿肯那頓的王后，作者所提及的塑像自二〇〇九年後陳列在德國柏林新埃博物館內。

式意指從人類心理描繪的眼光去看他人，意即把人的身體，特別是面孔和眼睛，看作是心理狀態的表現。看人與看顏色一樣，不是選擇問題，正如完全或部分色盲的人一樣，也會有對他人的人的特徵盲目的人。在奧立佛・薩克斯[11]的奇妙案例研究中，那個把自己老婆看成是帽子的男子，就是這種類型的盲目[12]，這個男人病得不輕。

把人看作是非人的情況是個例外。然而，完全不看一個人並不難。無論是有意的還是無意的，它都是件容易做到的事情。無視人並不一定意味著把目光轉到其他地方，以避免看到那些我們不想看到的人，無視人的最關鍵含義是不注意人，視而不見。把人看作是背景而不是人的形象，是無視人的一種方式。以這種方式看人與我們有時把人看作是物體一樣，都是同樣的迴避。但這種情況並不真正算作把所涉及的人看作是一件東西，而是一種不看人，或者更確切地說是不注意人的例子。詩人丹尼斯・西爾克[13]描寫了撒在從被占領地到以色列做工的阿拉伯人的身上的所謂「消失粉」，即一種讓他們隱身的粉。他寫道：「一個好的阿拉伯人應該工作，而不應被人看到」[14]。

在反膚色羞辱理論中，「無視他人存在」是一個反覆出現的命題。對本地人的羞辱在長期條件下表現為看「透」本地人，本地人彷彿是透明的，他們看不見「他」。看「透」一個人是什麼含義?它的一個重要含義是把通常錯誤的事物看作是正常的。將某個事物看作是正常的，便意味著把它看成是某個理所當然的事物，是指把事物看成是良好的、可靠的和穩定的，它在我們的意識中與「事情應當是這樣做」的看法相混淆。「正常」可以讓我不去特別關注細節，並讓我們把周圍環境當作是無須特別仔細觀察的熟悉的場景，因為我們已認定該項事情應當是這樣的。在殖民者的經驗中，對有自尊的本地人的羞辱是：羞辱人的主人把他們的周圍環境看成是正常的，即他們看不到任何威脅的信號；而在自豪的本地人眼裡，這種環境充滿著對主人的威脅信號以反對其壓迫。自豪的本地人想被他們的主人看作是威脅，並想把自己看作是在主人眼中構成威脅的人。在本地人眼裡，主人應當受到威脅，而且還應當感到被威脅；如果他們沒有感到被威脅，還認為一切事情都正常，這就證明本地人處在一種無助的被羞辱的境地。

能否仔細看他人，關注他們的表情變化並因此注意到他們的情感，這在很大程度上取決於

---

11 奧立佛．薩克斯（Oliver Sacks, 1933-2015），美國腦神經醫生及作家。

12 Oliver Sacks, *The Man Who Mistook His Wife for a Hat and Other Clinical Tales* (New York: Harper & Row, 1970).（原註）

13 丹尼斯．西爾克（Denis Silk, 1928-1998），英國出生後來移民到以色列的詩人、劇作家。

14 Denis Silk, "Vanishing Trick" in Silk, *Catwalk and Overpass* (New York: Viking, 1990), p.42.（原註）

我們的決定，意即這是自願的問題。無視他人也是自願的行為，而且不光是極端的例子——比如某個人為了不看另一個而將頭從此人之處轉過去，或者用手蒙住自己的眼睛。迴避也可以表現為故意放棄仔細看他人。在（照規範）應當仔細看他人的情況下，沒有這樣做具有把別人看作是物體的意義，大皇宮中的主人就是這樣看僕人的，他們不仔細看他們。不仔細看僕人還包括不把他們的注視看作是對主人行為的任何障礙和制約，他們可以當著僕人的面與人私通，基本上可以當著他們的面做任何事情。主人還希望僕人按照要求努力，使主人很容易地完全無視他們。主人希望僕人眼光空白，對所發生的一切毫無興趣，像是看不到東西，以便他的注視不會使任何人尷尬。電視劇《樓上樓下》[15]中哈德森對貝拉米家新來僕人的教導，包含了僕人如何表現得準確的舞台指示：要求他們只關心自己有限的事情而不管其他，這樣主人才能沒有困難地無視他們。

因此，無視人並不嚴格地指把他們看作是東西，而是不全然或不仔細地看人。然而，雖然人在正常情況下不會把他人看作是物體，但卻存在著人把他人看作是次等人的情況。把人看作是次等人，就是把他們看作是被汙名化的人，即把某個生理上的「不正常」看成是他們人性缺陷的標誌。這種不正常並不一定出現在他們身體的某部分，也包括他們身上穿的某件服裝。那些不能容忍超正統的猶太人的人，把他們的鬍子和捲起來的長鬢角和毛邊帽都看作是汙名。與此相似，地中海阿拉伯國家的人所穿的寬大白色長袍和穆斯林的頭巾，也和亞述人的鬍子一樣被看成是伊斯蘭基本教義派的汙名。人長期穿的衣服上的顯著之處正像身體標誌一樣，可以作為汙名的標誌。視覺不是唯一可以用來定義汙名的感覺，氣味也是貶抑人至次等人地位的強有力工具——從他們身上的汗味到他們吃洋蔥、大蒜和咖哩的氣味。但此處只關注視覺而非其他感覺。

汙名是完整人性上的該隱[16]標記。帶著汙名者被周圍人看作是，帶有使他們看上去不如他人標籤的人，雖然其他人仍把他們看作是人，但是被看作有汙名的人。厄文．高夫曼[17]強調的是對被汙名化者社會身分認同的傷害[18]。但我認為，應強調的是對他們完整人性的傷害，被汙

15《樓上樓下》（Upstairs, Downstairs），二十世紀七〇年代英國的一部一百多集的電視連續劇。講的是二十世紀初期倫敦一戶有錢人家主僕們的生活，因為僕人每天大部分時間都花在地下室的廚房和洗衣房中，他們的生活是「樓下的生活」。「樓上」「樓下」也成了主人僕人的代名詞。

16 該隱（Cain），《舊約》中亞當和夏娃的長子，他出於妒忌而謀殺了他的弟弟亞伯並作為逃犯而被判罪。

17 厄文．高夫曼（Erwin Goffman, 1922-1982），美國社會學家，代表作為《日常生活中的自我呈現》、《精神病院》，和《汙名：管理受損身分的筆記》。

18 Erwin Goffman, *Stigma* (London: Penguin, 1968).（原註）

名化者雖然被看作是人，但卻屬於存在嚴重缺陷的人（換言之，是次等人）。汙名意味著嚴重背離了人「正常外形」的刻板印象。侏儒、截肢者、面部燒傷者、嚴重的白化症，和極度肥胖者，他們是其中一些帶著汙名的人，這些汙名扭曲了我們這些其他人把他們看作是人的眼光。當這種汙名佔據主導地位，掩蓋了能夠使我們把他人看成是人的特徵，使我們的注意力全部集中在他們的缺陷（如侏儒）的程度。那麼，我們的眼光便轉變為把他人看作是次等人。有時人們會有意把被侵略的受害者帶到他們會被看作是次等人的狀態之中，比如納粹集中營裡伊斯蘭教徒的例子。因此，羞辱人的眼光並不構成把他人看作是東西或機器，但構成把別人看作是次等人。

這種看人的方法是可能的，它符合把某個人或某個群體排除出人類共同體的羞辱核心概念。我們將在本書第八章討論這種思想。我們在此討論的重點是這種排除的感知面向，那些被看作次等人的人有理由（可能甚至有充足理由）感到自己被羞辱。後面這一點提出一個道德問題，如果把人看作是次等人確實與感知（perception）有關，而不是與詮釋（interpretation）有關，那麼羞辱者如何才能因他們所不能控制的東西（即他們看事物的方法）而受指責？這難道不像因他們近視而譴責他們嗎？

即使這個問題屬於個人羞辱層面，而不屬於組織羞辱層面，仍非常惱人。對把人看作是次等人的不道德問題，回答時需要釐清「看」和「詮釋」之間的關係。我在這裡討論這問題是屬於更大的圖像，其輪廓與一般公認的圖像不同。一般公認的圖像把人表現為不停地在做決定——從最微不足道的決定（如穿越馬路）到最重要的決定（如選擇生活伴侶），所有這些決定都涉及欲望（「效用」）和信念（「主觀可能性」）。根據這觀點，我們永遠不會停止做決定，我們時刻都在評估、權重和計算。

每個行為背後都有決定，但我反對這種觀點，我有另一種圖像。在這圖像中，人們不做決定，相反的，他們極力避免做決定。他們的行為絕大多數出於習慣，即一個標準程序框架下的習慣。穿越馬路僅是很罕見的需要做決定的問題，對決定的需要只作為病理形式出現，一般發生在習慣程序失去作用，或者關係重大有必要進行思考的時候。決定不是常規而是例外。有些人一輩子都沒有做過決定，他們順其自然，包括對待通常需要慎重考慮和認真決定的事情。我並不認為在我們的生活中沒有決定，而是這樣的決定的發生頻率，比前面那張不停地做決定的圖像要少得多。

人作為詮釋者的圖像在很大程度上被同樣地誤導了，因為我認為詮釋是基於決定行為的特殊情況。我認為，理解的基礎是習慣而不是決定。儘管解釋建立在假設、推理、匯集證據的基礎上（總之，建立在知覺、自願的活動上），我們現在所討論的問題是在感知條件下「看」與「詮釋」之間的反差。這種反差完全不同於純真的、「赤裸裸的」眼光看東西，與以一種智慧的、詮釋性的眼光看東西（即在看的行為中運用一個人的智力）之間的反差。看，特別是看特徵，是觀察和思考的組合。我們所看到的一切均受到我們習慣上所期望看到的影響。在種族主義社會成長的人，能夠看到「色盲」人（即前文說的不會因膚色而有差別待遇者）看不到的汙名。同樣，被培養成種族主義者的人，也迴避看到「色盲」人看到並注意的特徵。看的習慣，特別是看見特性，也受到文化和歷史的影響。看見特性受到所在社會的影響，這一事實並不使其成為詮釋問題。看見特徵完全可以是通過自己努力後天得到的自動看見，但這並不意味著所有看見特徵都是通過自己後天努力得到的，例如把人看作是人，就不是通過自己後天努力得到的，而是先天的。但是，把人看成是次等人，則必然是透過自己後天努力所致，例如納粹教育能使人把猶太人和吉普賽人看作是次等人。

人無法直接控制他們能看到什麼，但他們可以透過有意識地改變對所看見事物的態度來間接控制。眼睛可以被訓練成忽視汙名，並且能準確地看到人的特徵。這不是直接決定的結果，還必須通過間接的方式來完成。

在視覺錯覺（visual illusion）的情況下，比如棍子在水中時看上去像是被折斷了，我們並不具備避免把棍子看成這樣的力量，無論是直接還是間接的。我們唯一能做的就是不相信我們看到的情景。相反的，把人看成是次等人不是這類感知錯覺。我們能夠改變感知本身，儘管如前所述只能通過間接的方法。在看到一個人在羞辱人的次等人特徵狀況下，我們必須注意不僅要拒絕相信我們的眼睛，還要試圖不把他人（從視覺感知意義上）看作是次等人。在此所需要的是「無汙名」的眼光。

「把人看作是某個東西」的說法，具有「以某種方法對待人」的慣用含義。然而，我在前面兩節中已嘗試過從字面上討論這個說法，即使用「看」這個詞的嚴格字面意義。

把人當作次等人對待

我認為，羞辱是把人排除出「人類家庭」[19]（即把人當作非人對待），或者與人相處時彷彿他們不是人。對待人時彷彿他們不是人，就是對待人時彷彿他們是物體或動物。羞辱人的儀式或動作的重要作用，產生於羞辱涉及在對人採取行動時「如同他是」（as if）（比如，如同他是沒有生命的物體、如同他是工具、如同他是獸畜）。但是，這些羞辱態度都不是真正的。真正的排斥性態度是把人當作次等人、當作劣等人種對待。相反的，把人排除出人類共同體的態度（把人當物體或動物）卻不表示對這些人真正的態度。這個態度是如同他們是物體、如同他們是獸。

之所以用迂迴的方法提出這個問題，主要是因為我們所討論的態度不僅僅是對別人的錯誤想法，即認為某些人不真的是人的想法。這裡的關鍵詞應當是「姿態」，是代表比「想法」更加基本的態度。但我所說更加基本的態度，並不是指這種態度是不加反思的反應。如果我們用文字來表達姿態的內容，表達姿態的句子就不會是表達想法的句子。表達姿態句子的作用是基本結構句的作用，基本結構句構成我們表現世界的規則。當提及他人有靈魂，提到他不是機器，就是提供介紹他人的基本結構。它就是我們相信其他人類（關於他們所想要的、所感覺的、所思考的想法）的基礎。一個表達看法的句子是有兩極性的句子：只知道世界上什麼能夠使句子成真還不夠，還必須知道句子如果是假的意味著什麼。像「她有靈魂」這樣的結構句不具有兩極性，我們不知道如果它是假的意味著什麼。「人有靈魂（即是心理學判斷的主體）」不是假定，而是提供了介紹人的基本結構。基本結構句勾勒了表現描述對象的方法，使用基本結構句是一種態度，而態度不是決定的結果。這並不意味著堅持基本結構句是不可改變的姿態，只是指姿勢的改變不是成為決定的結果而發生的。

這分析使我們的討論由對別人的姿勢，轉向了對關於別人的基本結構句的姿勢。現在，讓我們從對待句子的態度問題，回到把別人當作人對待這個問題上。

我的中心觀點是：羞辱典型地預先假定被羞辱者的人性。羞辱行為把他人當作非人予以排斥，但這種排斥行為預先假定被排斥的對象是人，這觀點接近黑格爾的主奴辯證[20]。主人不僅

19「人類家庭」（Family of Man）該詞源於二十世紀五〇年代舉辦的一次大型攝影展的名稱，此後並以此名出版了著名的攝影集。在巴黎，此次攝影展被稱為「人類大家庭」。羅蘭．巴特（Roland Barth）在其著作《神話學》（*Mythologies*）（trans. Annette Larers, London: Jonathan Cape, 1972, pp.100-102）中提到，在法文譯名中加上「大」這個形容詞便把人類物種的統一性的中性概念，從「動物學」的概念轉向神話的情感道德領域，就像整個人類特種宛如活得像在大家庭中一般。巴特向人道主義思想提出了挑戰——人道主義思想認為所有的歷史和文化都建立在一個共同的「本性」之上，從而使人之間的差別轉變為表面的東西。我在這裡所使用的「人類家庭」，意指動物學詞語的道德含義。我認為，只要我給這個詞賦予道德含義，巴特一定會批評我帶著人道主義的感傷來使用這詞。我認為我使用「人類家庭」這詞，並沒有在無相似處創造了相似，也沒在有差異處模糊了差異。（原註）

20 G. W. F. Hegel, *The Phenomenology of Mind*, trans. J. B. Baillie (New York: Harper & Row, 1967), pp. 229-240.（原註）

想要對奴隸有絕對權力，還想要奴隸承認他的絕對權力，這兩個欲望互相牴觸。在這裡，主人的態度相似於一個足球隊不但希望狂勝競爭對手，而且還想讓他們的勝利被承認是一種成就。狂勝會貶低勝利的價值，因為它證明對方不是有價值的對手。這裡存在著矛盾——一個人在同一個時間上既想又不想痛擊其對手。一個人痛擊對手是為了顯示他的絕對優越，但他不希望如此狂勝對手，如此一來他的優越才有價值。

如果我們用羞辱和尊重來詮釋主奴關係，那麼主人對奴隸的羞辱就是一種自我打擊。被羞辱者必須視之為有意識的人，具有固有的人的價值，只有這樣，否認他的人性的羞辱行為才可以發生。羞辱既要達到證明絕對優越的目的，也要達到獲得對這一優越認同的目的，這在概念上是不可能的。絕對的優越以非人類為對象而獲得，而認同卻只能從其他人身上獲得。

主奴關係為我們提供了簡單方法來證明羞辱所基於的假定。奴隸制度的表現形式（如在古羅馬和美國南部）證明，無論它有多麼嚴酷、多麼殘忍，這種奴隸制並不是建立在奴隸只是物體或只是拉東西的馬的假定之上，但這不意味著奴隸因為他們的人性而受到比較仁慈的對待。美國南部奴隸的子女還去教堂施行浸禮，而被視為耕田所用的犁和馬顯然是不會被施行這種宗教儀式的。當然，奴隸市場確實可以買賣奴隸，而且未來的買主也確實像買馬一樣地檢查奴隸牙齒以了解他的健康狀況。奴隸買賣說明：奴隸被視作具有交換價值，但是，奴隸必須是基督教徒這條件卻證明，他們的人性意識遠不只一點點。

至於古羅馬，保羅．韋納[21]的觀點是正確的，即主人把他們的奴隸看作是天生不成熟，因此不能成為成年人的人[22]。男性奴隸在許多語言中都被稱作「男孩」（拉丁語用「puer」，聖經的希伯來語用「na'ar」，美國南方用「boy」），我把這種語言表達方式理解為是對次等人，而不是對非人的態度。一方面，對奴隸的看法受心理謂語[23]的影響；而另一方面，這些心理謂語只適用於兒童。韋納曾提到，柏拉圖為了取悅他的聽眾，曾描繪一個墜入愛河的奴隸[24]。在聽眾看來，把完整的人的感情賦予奴隸，就像發生在幼兒園裡的情節曲折、動人的愛情故事一樣荒唐可笑。的確，在我們的文化中，成年人並不會把兒童當作次等人對待。但是，對待奴隸或「本地人」像兒童一樣，則完全可以被視為把他們當作次等人對待。這意味著把他們當作永

---

21 保羅．韋納（Paul Veyne, 1930-），法國考古學家和歷史學家，是古羅馬的專家。

22 Paul Veyne, "The Roman Empire," in Veyne, ed., *A History of Private Life*, trans. Arthur Goldhammer (Cambridge, Mass.: Harvard University Press, 1987).（原註）

23 謂語，指句子中對主詞進行陳述的部分，如在「他去學校」這句子中，「去學校」即是謂語。

24 同註22出處，pp.55ff.（原註）

遠長不大的、永遠沒有能力對其行為負責的兒童。在我們的社會中，也許人們對待唐氏症患者的態度與此類似，許多人把他們看作是次等人，猶如從外表上就被貼上汙名，這種外表像是告訴人們：唐氏症患者永遠不能完全成熟。

我堅持認為，連他們的殘忍行為中的令人毛骨悚然的情景都表明一個事實，即是被指控的人非常清楚他們正在與人打交道。日本戰俘勞改營因其可怕殘忍而聞名於世，但有報告指稱，在這些殘酷的勞改營中，有一個勞改營的指揮官曾將被奴役的戰俘帶到山頂上去欣賞櫻花。他覺得不能剝奪任何人欣賞這種美景的權力，即使他們是不幸的人。納粹主義的宣傳經常把猶太人比作老鼠，老鼠有害，所以把猶太人視為「文化的毒害者」。儘管納粹的宣傳將兩者相提並論，但文化毒害者不可能是老鼠。即使是種族主義的主要人物海因里希·希姆萊[25]，在波茲南[26]對納粹黨衛軍軍官的著名講話時也不得不承認，在集中營裡殺人不同於殺死老鼠。所以，劊子手壓抑對受害人自然情感的努力，遠比僅是殺死老鼠要「英勇」得多。在勞改營和死亡營中，針對受害人的特別殘忍（特別是發生在那裡的羞辱），正是因為涉及人才以這種方式發生。動物不會受到同樣方式的虐待，至少動物沒有受到責難的目光。

因此，我的基本觀點是：羞辱的核心概念是把人排除出人類共同體。但是，這種排除不是建立在相信被排除人僅僅是物體或是動物的想法或態度上。排除行為發生時視某個人如同是物體或是動物，是把人當作次等人對待的典型表現。

25 海因里希．希姆萊（Heinrich Himmler, 1900-1945），德國納粹頭子，權力僅次於希特勒。他曾為內政部長、親衛隊首領，被認為對大屠殺以及許多戰爭罪行負有主要責任。

26 波茲南（Posnan），波蘭中西部的河港城市，波蘭最古老的城市之一，也是該國重要的歷史中心。

III

有品作為一個社會概念

7 羞辱的悖論

與把人排除出人類社會這概念相比，故意使人在其根本利益上完全喪失自由和控制，也是一種羞辱概念。但我認為，喪失控制方式的羞辱概念，包含在排除方式的羞辱概念之中，但兩個概念各強調不同的面向。排除方式的羞辱著重於從羞辱者的角度看問題，而失去控制方式的羞辱則著重於從被羞辱人的觀點。然而，我們首先必須明確的是羞辱在什麼意義上涉及失去控制。

病人或老年人有時對他們的肢體功能失去控制，給他們帶來喪失尊嚴的苦楚。自豪感的核心成分是自我控制感，對自我控制的尊重也是他人讓我們感到尊重的重要組成部分。美國西部印第安人酋長的說話語氣用的是一種絕對自我控制的沉著語調，帶給我們的感覺是他對自己感到非常驕傲。如同表現個人尊嚴一樣，在展現社會榮譽中，自我控制的表情動作位於中心位置。

自我控制必須與自律相區別。自律表現為一個人在某個特定方面、針對某一個特定目標控制自己的行為。工匠在其工作中會嚴格遵守紀律，哪怕是為取得職業成就而放棄直接或非直接的滿足。然而，同一位工匠在其非職業生活中，卻有可能會表現出完全缺乏自我控制。為復仇而臥薪嘗膽的人表現的是自律而不是自我控制。自我控制不與特定的目標掛鉤——不只限於對某個特定的行為，而是對所有的行為都要求強行一致。

喪失自尊和喪失自我控制一樣，涉及自立的自尊概念。一個自我控制的人表面上看不受外部刺激的影響，但問題在於外部刺激與內部刺激之間的區別很難釐清。一方面，唐吉訶德對風車有反應（一種外部刺激），但他的反應是在來自於他興奮頭腦中對騎士的馬的描繪而產生，屬於一種「內部刺激」。可是，儘管存在困難，一般的概念還是清楚的，即自我控制表現在延時的反應之中，是深思熟慮的而不是對外部環境的反射，表現為一個人用基於理性，和不僅基於原因和動機的行為來戰勝他的「內心驅動」。在各種羞辱人的行為中，很大一部分是向被羞辱者表明他們對命運缺乏甚至最低程度的控制——他們是無助的，只能聽任羞辱者的擺布。

然而，以上觀點與喪失控制也屬於羞辱的核心概念是把人排除出人類共同體的觀點之間存在什麼關係呢？沙特[1]為我們提供了一個有用的框架，供我們討論喪失控制方式的羞辱（即失去自由），和把人排除出人類方式的羞辱之間的關係。

沙特認為，從人的特徵看見人，就是把人看作是可以自由地決定其生活的人。把人看作是件東西，是個「身體」，就是把人看作是不能自由地決定其生活的人。當一個人否認他自由的能力（沙特稱為「自我欺騙」（having bad faith）），我們就把他看作是一個根據他身上的外在標籤來行事的人。在沙特著名的例子中，服務生的行為像懸絲木偶[2]，不按人的特徵來行事，卻好像正在扮演一個角色——彷彿他的角色代替了他的靈魂。如果我們僅僅從他的身體或他的角色來看他（換言之，只要我們不把他看作是能夠自由地決定自己生活的人），我們就看不到這個身體的主人和這個角色扮演者的完全人的特徵。

我曾提到，沙特認為人沒有本質（nature），但現在我必須迴避這個觀點。人沒有本質，是指沒有一整套唯一決定其生命過程的「性格」特質或傾向，在任何時刻開始不同於以往的徹底新生活的可能性對每個人都存在。從另一種意義來講，這種決定自己生活的自由，是人有別

---

1 尚—保羅．沙特（Jean-Paul Sartre, 1905-1980），法國作家和哲學家，存在主義的代表人物。

2 Jean-Paul Sartre, *Being and Nothingness*, trans. Hazel E. Barnes (London: Methuen, 1969).（原註）

於其他動物或事物的唯一本質。人沒有性格，但有這種意義上的本質。

對「本質」概念的理解不同，這一現象由來已久。馬克思也否認人有某個「本質」，並且強調人都有反抗的能力。換言之，人的反抗本質是不可根除的——只能被暫時壓抑住。人是自由人的主張是本體論主張，猶如笛卡兒認為事物的特徵是發展、靈魂的特徵是思考。用否定其自由能力的方式來對待某個人就是把他排除出人類，虐待狂就將其受害人看作只是一具軀體，並不是從自由的角度來看待受害人，換言之，即看不到人的特徵。受虐狂與虐待狂者互為補充，將自己當作完全不自由的人獻給虐待他的人，這兩者所玩的遊戲就稱為羞辱。

虐待狂和受虐狂之間的關係，特別是性關係，涉及對自由受限受害者的非人態度，相當於把某個人看作是允許他人隨心所欲地調戲自己。正如在主奴關係中一樣，變成是違背自己利益的態度。一個欲擁有絕對權力的人需要使自己的絕對優越得到認同，而這種認同只有來自自由人（即自立的人）時才具有價值。因此，絕大多數把人當作非人對待的行為都是「如同是」（as-if）。意指這種對待並不是真正地在本體論的層面上否認另一個人的人性，而是在他們之間的具體關係的層面上否認另一個人的自由。完全剝奪他人的自由，並做出意在表明他人處於其嚴格控制之下的表情動作，也能構成把他人排除出人類的行為。這就是排除式羞辱和完全失控式羞辱之間的關係。

也許有人會問：這種剝奪人自由方式的羞辱（即阻止人對關乎其根本利益的事做決定），如何與前面所討論的關於人極力避免做決定的圖像相對應？答案是：人在日常生活中按照習慣和標準程序不做決定的圖像，與如果或當他選擇這樣做時（儘管有這些習慣和標準程序存在）有決定的自由的圖像，這兩者之間沒有邏輯上和操作上的矛盾。

現在，回到我們的主題。我們在本節中的基本觀點是：羞辱作為對人的自由和自我控制的嚴重減損，應歸入把人排除出人類的羞辱概念之中。把人排除出人類就意味著不承認他們有自由，因為自由是人有別於東西的關鍵之一。在這假定下，這個觀點是正確的。

我們已經討論了兩種羞辱概念之間的聯繫：一種是把人排除出人類的羞辱，另一種是嚴重傷害他人自我控制能力的羞辱。然而，在這兩種概念中無論是採用哪一種，羞辱的概念都可能引起悖論。我將在下節討論這種悖論。

汙辱及羞辱的悖論

汙辱和羞辱這兩個詞是一個連續的整體。羞辱是汙辱的極端情況，而這兩者都表示對一個人榮譽的傷害。但是，本書要在這兩個詞之間做性質上的區別：即「汙辱」表示對個人社會榮譽的傷害；而「羞辱」則表示對個人自尊的傷害。汙辱可能傷害人的自豪，羞辱傷害的則是人內在的價值觀。

羞辱的悖論可以如以下圖像的方式來表達：如果該隱的標記印在該隱的前額上，那麼就沒有任何邪惡錯誤，因為該隱罪有應得；如果該隱的標記被錯誤地印在亞伯[3]的前額上，亞伯就不應該為此過於痛苦，因為亞伯非常清楚他沒有殺人，他不應該把自己想得太壞，該隱的標記是被誤印在了他的額頭之上。

由於汙辱讓被受害者在他人眼光中造成傷害，因此汙辱是社會惡行。與此相反，如果羞辱涉及為受害人提供了充足的理由來認定他的自尊受到傷害，似乎缺乏任何存在的理由。因為假使羞辱僅僅是一種正當的批評，那麼人們應在不損害自尊的條件下改變評價自己的方式。如果羞辱是一種不正當的批評，那麼甚至連減損自己的自尊都不應該，更不必說傷害自己的自尊了。

羞辱的悖論讓我們從基本上回到斯多葛學派關於「感到羞辱是不理性的」的批評，換言之，從心理層面上講，人會感到被羞辱，但從規範層面上講，不會。

伯納德・威廉斯把情感分為「紅」與「白」兩種：使我們臉紅和使我們臉色蒼白的兩種情感。蒙受恥辱是紅色情感，內疚是白色情感。紅色情感是人處於其中能夠通過他人的眼睛看到自己的情感，因此而臉色發紅。人處於白色情感時，人是用自己意識的「內眼」來看自己，越看臉色越白。在兩種不同的情感下，人的觀點也會不同。羞辱的悖論就在於一方面人可以通過他人（凶暴專橫者）的眼睛來看自己；而另一方面，羞辱的規範含義則是人要從他自己的觀點出發去做出反應。羞辱是紅色情感，但被羞辱者的反應卻與白色情感的相吻合，而一個人的臉色不可能同時完全紅或完全白。

「汙辱」的定義，取決於他人的態度，因為這涉及對一個人社會榮譽的傷害。倘若汙辱建立在一個無端的指控之上，而被傷害的人有理由相信：無論指控對錯與否，都讓他要為社會榮譽付出代價，於是，他就有了受到汙辱的充足理由。然而，在一個無法合理化羞辱行為（即羞

3 亞伯（Abel），《舊約》中亞當和夏娃的兒子，後被其兄該隱殺害。

辱一個人的任何企圖都無法做出合理性解釋）的情況中，問題的關鍵便是受害人是否具有充分的理由認為他受到羞辱，即認為他的自尊在他本人的眼中已經受到減損。

現在，讓我們把這個問題說得更直白。羞辱是把他人排除出人類，即對待人時如同他們不是人而是東西、工具、動物、次等人或下人。我們很容易理解為什麼這種「如同」的對待肯定會汙辱人或使人蒙受恥辱，即過度損害人的社會榮譽。但是，為什麼這種對待會讓受害者認為是自己在人的價值上被貶抑的理由呢？他們為什麼會接受羞辱人的惡棍迫使他們接受的看法呢？受害者傾向於認同迫害者，這是心理學上的事實，而我們的問題是規範性的，不是心理學上的。

羞辱涉及實實在在的威脅，它所基於的事實是：犯罪者——特別是組織羞辱者——有權力凌駕於他所攻擊的受害者，這決定性地涉及霸凌者給被害者帶來的全然無助的感覺。這種無力防禦的感覺體現為受害者害怕無力保護他們的根本利益，即使被羞辱者試圖轉敗為勝，並且將迫害者看成（非字面意義上的看成）是野獸，也無法減輕他的羞辱感。諸如門格勒這樣的披著人皮的魔鬼，被他們所羞辱確實是一種羞辱。被害者在羞辱行為中可以感覺到一種實實在在的威脅，而且面對這種威脅具有無助的感覺。他即使成功地讓自己確信站台上的那位英俊魔鬼（門格勒在其受害者面前的形象）不是人而是真正的魔鬼，也無法讓自己擺脫已被合理辨明的羞辱感。羞辱存在著，而且被合理化，因為被害者禁不住自己把門格勒看作是人。把門格勒看作是野獸，並因此把他的行為不視為被羞辱的理由，只是一種策略。我的觀點是，即使這種策略奏效，然而羞辱狀態仍然存在。把人排除出人類的羞辱，即使沒有任何肉體上的殘酷，而是以儀式或象徵形式出現，仍是非象徵的、實實在在的排除。其間始終存在著一個威脅——過一種不值得作為人的生活。

在猶太人離散居於各國的漫長歷史中，他們往往採取將外邦人看作是「吠叫的狗」的態度。沒有人會被他們汙辱和羞辱，畢竟一隻狂叫的狗不會汙辱和羞辱任何人。狗可以令人害怕，但絕不會羞辱人。被害者試圖將加害者去人格化，這種想法可以理解，但全然與霸凌者試圖把被害者不當人看不同。

猶太人在幾個世紀期間採用的另一個策略是「好兵帥克」[4]技巧，即對可能的羞辱者採取裝傻的態度，一種用向霸凌者做鬼臉來避免對霸凌認真的態度。這種選擇似乎方便有效，於是

5 好兵帥克（Good Soldier Schweik），捷克幽默諷刺小說《好兵帥克》主角，一戰時被徵召入伍的奧匈帝國士兵。

問題便是為什麼羞辱被人們如此認真在意。該在意的是藏在羞辱中實實在在的威脅，而不是羞辱本身。受害者沒有理由看人的價值中的缺陷，他只需要看到威脅到他的生存，或人的基本條件的危險。

但是，處於被羞辱狀態下的弱者們自衛的訣竅，如「吠叫的狗」、「好兵帥克」、把羞恥的標記換成驕傲的標誌（諸如「黑就是美」[5]），或者「他沒有對我吐口水，只是天在下雨而已」這種不承認的戰術，都不能根除羞辱狀態。它們最多可以適當減弱被羞辱的程度。

然而，我們必須再次問道：為什麼會這樣？為什麼自己會感到受羞辱？社會是社會榮譽的先決條件，但給自己自尊只需要你自己就可以。果真如此，那麼陌生人（不論是個人還是群體）如何認定你是否應當且如何尊重你自己？此外，自尊是你把自己作為一個人給予自己的尊重，它不基於對你本人任何成就的任何評價。你是人，這是一種特質，不是一種關係。你是不是人在任何情況下不取決於任何人對你的看法，或者任何人如何對待你，正如你頭上長著的那些濃密的頭髮，不是取決於任何人的態度，或任何人對你的頭髮看法的特徵。即使別人取笑你的頭髮變得稀疏了，而如果實際上你的頭髮很濃密，那這種奚落不會給你充足理由感到或相信自己的頭髮正在脫落。

對上面這個問題的回答是：雖然自尊是你對自己的態度，但有賴於他人對你的態度。這種依賴不僅是因果關係，不僅僅由人們對你的看法構成，他們對待你的方式也在心理上影響著你對自己的態度。所以，這種依賴也是概念性的。

尊重人的懷疑論合理性解釋，起源於我們互相都承認屬於人類的一部分，我們因此、也僅僅因此而值得尊重。如前所述，懷疑論合理性解釋是基於態度而不是特質，任何一個可以被用來解釋尊重人的合理性特質，都寄生在我們把人看作是人的態度之上。因此，任何把人排除出人類的企圖都在侵蝕著尊重所依靠的基礎。即使被羞辱的人堅信自己的權利被嚴重侵犯，只要她和其他任何人一樣都是人，她在確定對自己的方式時就不會不考慮他人如何對待她。這是因為別人的態度，無論多麼不道德，都是界定人的共同體所必需的，因為屬於人的共同體而具有價值。他人的態度就包含在人的價值這個概念之中，自尊的承載者把這個價值應用於自己。總而言之，有自尊的人無法不關注他人對自己的態度。

哲學上有許多問題，其結構問題會在表面上不參照本身以外的事物，但經過分析後變為

5 「黑就是美」（Black is beautiful）指二十世紀六〇年代美國發起的稱為「Black Power」的非裔美人爭取民權的運動。「Black is beautiful」是這場運動的標誌性口號。

需要這種參照的情況下突然出現。例如，休謨[6]的因果分析就是建立在，「只有當這一類事件總是伴隨著第二類事件出現時，一個事件才是另一個事件的原因」的觀點上。但是，我們為什麼需要這些同一種類的其他事件呢？如果人世間只有一塊窗玻璃而且只有一塊石頭，即便沒有其他的投擲石頭或碎玻璃的例子，這塊石頭投向窗玻璃上難道不是窗玻璃破碎的原因嗎？休謨認為，因果關係存在於我們看事情的方法之中，而不存在於「現實世界」內。根據他的分析，為了使我們能夠建構因果關係概念，其他事件是不可或缺的。這一概念是制約的心理結果，並且按照休謨的觀點，不存在基於一個刺激上的制約。所有一般詞彙都屬於這種情況。比如「紅色」，它可以被定義為所有流出來的血的顏色，但我流出來的血會是世間唯一的紅色的液體嗎？在這裡，如果世界上只存在唯一一個紅色的東西，紅色的概念也不會形成。同一類的觀點認為，如果我不知道其他人也使用我的語言，那它也會是無法使用的。確實，有一整套哲學論點，其中午看起來，存在著一種可以適用於世上唯一一件事物的概念，不需要任何其他的也存在，然而，仔細觀察後的結果是，這種概念的形成卻需要其他事物的存在。與之相似，自尊雖然建立在一個人他自己眼中的人的價值之上，卻內在地需要其他值得尊重的人。

神的榮耀與人的尊嚴

把人的尊嚴概念與一神論宗教中神的榮耀概念相互比較，也許會給我們一點啟迪。在這些宗教中，神很在意祂的榮耀，連已經因崇拜其他神的行動被證明不配崇拜祂的人，神也要求崇拜祂。既然其他神都被視為無價值和虛幻的，而且愚昧的偶像崇拜者所選擇的卻正是這些虛幻，神熱衷於祂的榮耀這一現象便非常奇特。要求這些破裂的蓄水池（broken cisterns）信徒崇拜活水（living waters）泉源有什麼意思？為什麼要從一群傻瓜和為惡者那裡得到唯一的神的榮耀？神及其「自尊」取決於這些人嗎？

我們從這觀點中可以得出非常直截了當的結論：如果連偉大、可畏的神都需要人類的認同，那麼他人就更需要我們的認同。聖經上的神甚至需要那些最不值得信奉，和崇拜祂的人維護祂的榮耀。在仿效神（Imitatio Dei）之外，我們可以說，我們感到被羞辱（用「被輕視」一詞可能更貼切）這種心理事實，即便小得不能再小，也是我們生活中的基本事實。為這種事實

6 大衛．休謨（David Hume, 1711-1776），蘇格蘭哲學家和歷史學家，是蘇格蘭啟蒙運動的重要人物。

尋找一個普遍適用的合理化解釋是很愚蠢可笑的。事情就是這樣，這就是生活。當然，在某些情況下，我們會要求某個人對為什麼他認為自己被某件事所羞辱，而其他人都不這樣認為（例如他認為有人向他的臉上吐口水，其實是在下雨）的事做出合理化解釋。但是，如果問維也納廣場的猶太人，為什麼在納粹強迫他們擦洗地面時感到被輕視，就會很荒誕。倘若這樣的事情還不構成羞辱，那麼什麼才是？

但是，還有另一種方式來理解，為什麼神需要包括不值得崇拜祂的人都來崇拜祂。這種方式是通過一個與羞辱的悖論互補的悖論（愛的悖論），來解釋對榮耀的需要。與羞辱者相反，愛人者把他／她的對象看作是人。將其所愛的人當作人對待，意味著承認他人有選擇的自由。一方面，愛人者希望獨占被愛的人；但另一方面，他又希望她能自由地選擇他。即使她真的選擇了他，他還是會一直擔心有一天她會不再愛自己了。於是，他覺得自己處在兩種欲望的高度緊張狀態下，一種欲望是想對所愛的人擁有絕對控制，以便使她獨屬於他，另一種欲望是想要所愛的人仍有選擇的自由，儘管這會危及他的獨占性。沙特就是這樣詮釋普魯斯特小說中的阿爾貝婷（Albertine）。上帝渴望被獨愛、被獨尊，但這種愛和崇拜只有與選擇的權力（包括極其錯誤的選擇，甚至是崇拜作惡者的選擇）結伴而來時才具有價值。

這些悖論證明，在愛和羞辱的實現中，存在一個有違自己利益的成分。這不是會使人們無法愛，或羞辱任何人的邏輯上的矛盾，而屬於概念上的緊張，由此帶來以下問題：愛和羞辱是否是一種能被合理化的情感，而不僅僅只是被觸發而已。我一直堅持認為：當一個人愛一個毫無用處的人而被拒絕時，可以合理地解釋感到受傷害，而且一個人也可以合理地解釋感到自己被某個毫無價值的人所羞辱。

羞辱的情況比愛的情況更清晰，其原因在於羞辱即使是在羞辱者不在場的情況下，也能感受到。人的生活條件也會羞辱人，只要那是人為的，而愛卻沒有可相比擬的事。羞辱並不需要存在羞辱者，因此找出羞辱者是誰，遠不如確定是否存在對感到被羞辱的合理性解釋更為重要。在我們的例子中，由於我們關注組織的羞辱（其代理人是辦事員、警察、士兵、獄吏、教師、社會工作者、法官及其他有權威的人），所以我們在研究羞辱者的行為是否使人受到輕視時，可以不考慮他們的主觀故意。如果我們討論有系統地羞辱這種並非某個有權威的人的任性行為，這一點特別可以被合理辨明。我們很容易地把有系統的組織性羞辱看作是輕視的狀況，而對於人感到被羞辱的合理性解釋而言，完全可以不考慮羞辱者是否是個人還是組織。

我們把討論的重點從羞辱者轉到羞辱狀況上，並不是打算免除那些代表組織實際施行羞辱行為者，對他們所作所為應負的個人道德責任。我們想要清除，在理解被羞辱者認為他們被輕視這件事為什麼是理性的，所存在的障礙。從羞辱者到羞辱狀況這個轉變十分重要，因為組織性羞辱與羞辱者的個人癖性無關，只取決於羞辱的性質。因此，它與在個人關係中出現的那種羞辱形成鮮明對照，你無須評價羞辱你的官員，就可以評價他所任職的組織。此外，你甚至無須評價組織本身，就可以發現使它造成輕視的條件的權力。愛與羞辱不同，它不能從個人轉向組織。組織不會愛。

8 排斥

倘若有品社會是不羞辱人的社會，那是否意味著它也應是一個不使人覺得羞恥的社會。換言之，有品社會是否也必須是不會使組織內的人覺得羞恥的社會？進而，是否也是一個不使人覺得尷尬羞恥的社會？

有個普遍接受的觀點是：可以把社會分為恥感社會（shame society）和內疚社會（guilt society）兩種類型。這兩種社會之間的區別軸線是：在內疚社會中，社會道德規範已經為其成員所內化，他們在違反這些規範時會感到內疚；在恥感社會中，所有事情都被外在化，其成員的主導動機是避免外部懲罰，保持他們在他人眼中的榮譽及好的名聲，免得他們覺得羞恥。按照這一粗略的劃分，恥感社會似乎與有品社會之間較少關聯，因為後者只涉及個人的自尊，而不涉及個人的社會榮譽。在這種情況下，有品社會只能在內疚社會中而不能在恥感社會中去尋找。從給予每個人他應得的榮譽這一角度來看，恥感社會可以算作是有品社會，但從給每個人平等的對人的尊重來看，恥感社會則不能算作有品社會。在恥感社會中，羞辱只能以降級的形式構成（即降低一個人的社會等級，而使他在別人面前感到羞恥）。從傷害人的自尊的意義上講，這並不是羞辱。在典型的恥感社會裡，人們本身不存在自尊意識，存在的只是他人眼中的榮譽感。有種觀點認為，一個人會做出可恥的行為，這種行為只有他自己才知道，而且他會因此損壞其自我形象，貶低他作為人的地位，但這觀點與恥感社會的概念背道而馳。因為別人不知道的東西並「不存在」，因此不能作為恥感的來源。

加布里埃爾・泰勒[1]描寫過一個男孩向朋友吹噓如何博得姑娘的芳心，而事實上根本沒有這些事情[2]，他還是處男。這個男孩也許會因欺騙朋友而感到內疚，但在他內心卻為自己還是處男感到羞恥。他用撒謊來避免讓朋友使他覺得羞恥，然而這不表明他在內心不因撒謊而感到恥辱。我們從這個例子中得到的啟發是：恥感和內疚之間的區別，不在於恥感是一種外部反應，而內疚是一種內在反應。內疚社會和恥感社會被人們普遍接受的特徵，是建立在「內在」和「外在」兩者的對比上。然而，看待這區別的正確方法，是把它看作是兩種人之間的差別。一種人是以他自己的觀點，來看待他的令人覺得羞恥的行，為或他的失敗；另一種是以他人的角度，來看待他的令人感到恥辱的行為，或他的失敗。這些他人並不一定要存在。一旦他人不存在了，內疚和恥辱之間的界線就模糊了。假若一個年輕的猶太人放棄其宗教信仰，吃了不符合猶太潔淨的食物，他在想到他已故的恪守教規的父母時會感到羞恥嗎？或者會感到內疚嗎？這個問題很難回答。

從涉及他人看法的意義上講，羞恥（shame）和羞辱（humiliation）都是「紅色」情感。但是，正如他人的存在會是獲得自我意識的先決條件，並不會影響我們最終達到獨立的意識一樣，我們在獲得自尊時需要他人看法的事實，也不應當阻止我們形成不再依附他人的、對我們自己的尊重意識。

因此，羞恥與羞辱的區別究竟何在？我的觀點是，羞恥包括羞辱，但反過來則不成立。這種包括關係需要進一步澄清。花類包括玫瑰花類，儘管玫瑰是一種花，但不能認為玫瑰花類包括花類。相反的，玫瑰的概念包括花的概念，因為玫瑰作為花的屬性中的一種，其定義包括花的屬性，反過來則不然。這是類別意義上的包括（外延），和屬性意義上的包括（內涵）之間

---

1 加布里埃爾．泰勒（Gabrielle Taylor），牛津大學聖安妮學院名譽教授、哲學高級講師。

2 Gabrielle Taylor, *Pride, Shame, and Guilt*, (Oxford: Oxford University Press, 1985).（原註）

的逆向關係。羞恥類包括羞辱，但羞恥的概念卻被包括在羞辱的概念之中。某個人受到了羞辱也就覺得羞恥，可是覺得羞恥卻未必受到了羞辱。

一個人會因一事無成而感到羞恥，但我認為這不是羞辱，羞辱不是一種成就的概念。只有當一個人為某個其所從屬於的群體相聯繫的自我定義的特徵感到羞恥時，羞恥才涉及羞辱。如果一個社會利用其組織，致使人民為他們的自我定義中某個法定的從屬特徵（如愛爾蘭人、天主教徒，或者北愛爾蘭德里市的伯格賽區[3]的人）感到羞恥，那麼這個社會就不是有品社會。倘若一個人因其父母或出身（例如富農[4]的後代）而感到羞恥（這可能是他的身分認同的重要成分），並且這種羞恥由社會政策和組織行為所造成，那麼，這個社會就不是有品社會。

並不是一個人的自我定義中的每一項特徵，都是道德上合法的特徵。一個社會如果使人因屬於某個犯罪組織而感到羞恥，或者讓舉行虐待狂式儀式的魔鬼崇拜者為他們的「宗教」感到羞恥，就不能被指責為不是有品社會，因為它能使這些人感到羞恥。一個社會，如果能夠使納粹積極分子的子女為其父感到羞恥，就不要放棄爭取成為有品社會的努力，但一個使納粹子女只感到內疚的社會，卻應當放棄這種追求。他們可能因為公平而覺得負有責任，致使他們應當感到需要補償他們父母所犯下的罪行，而不應當使他們感到內疚。所以，我把個人身分認同的特徵分為兩種——道德上合法的，和道德上不合法的。

另一個是身分認同特質和成就特質之間的區別。使人為其合法的身分認同特質感到羞恥就是羞辱行為；令人為其身分認同的成就特徵而感到恥辱（如在一位作家把自己稱為偉大的詩人時，將其描繪成雇傭寫手），可能會是一種汙辱（insult），但不構成羞辱。從我們在這裡所使用的道德貶低的意義上講，至少這種作法沒有為感到羞辱提供理由。

自我定義意指一個人自我身分認同的定義。以下三個方面屬於自我身分認同範圍：

一、個人的身分認同（personal identity）——確保在不同時期仍是同一個人的條件；

二、人格的身分認同（identity of personality）——保證不同時期的同一個人構成同一人格的條件；

三、個人的身分識別（personal identification）——此人在長期條件下視為與其一體的東西。

---

3 伯格賽（Bogside）是北愛爾蘭城市德里（Derry）的一個街區。伯格賽的大多數居民是天主教徒，該區和一個新教地區接壤。在歷史上伯格賽多次發生天主教徒和新教徒間的暴亂。

4 富農（Kulak），沙俄時期擁有土地的富裕農民，在「十月革命」中被共產黨劃為剝削者身分。

心理學家（如埃里克・埃里克森[5]）在描述青少年的身分認同危機時，通常提及第三個自我認同的概念——主要在於對其父母或價值的身分認同危機。

一個人的自我定義主要涉及人格的身分認同和個人的身分識別。我在本書第三章中討論過人格的內部完整性的概念——即誠信。我強調了忠實於自己的原則和理想，以及賦予自己生活價值的特徵。我曾主張，一個社會如果破壞其成員的誠信，便不是有品社會。這裡我要加上另一個重要的誠信意識，即忠實於你的自我定義的誠信意識，旨在確保你的生活經歷在你的個人身分認同之外具有一貫性；自我定義是保證你的生活經歷即使發生深刻變化，而你也能保持一貫的方法。換言之，即使在你的生活中存在著不一貫（如昨天是托洛斯基分子，今天是保守黨人），你的生活經歷也會使這種不一貫成為一個整體。

在一個人的自我定義中，不同成分具有不同的重要性。我的觀點是，從屬特徵具有特別的重要性。當一個社會以剝奪資格的方式來拒絕合法的從屬特徵，便因此剝奪了所有通過這些特徵來認同自己的人的資格，拒絕了一個人視為自己擁有的身分認同。在下一節中，我將討論的觀點是，從屬於某群體在個人的個人身分認同，和個人人格的身分認同，有著非常重要甚至是關鍵的作用。屬於此類群體，也決定著這個人表達其人格（及他自己其他特徵）的方式。使人因屬於這樣一個群體（或幾個群體）而感到羞恥，可以被視為對其人性的排斥，而不僅是對他們屬於某個特定群體的排斥。由此看來，使人為其道德上合法的從屬感到羞恥就構成羞辱。這將在下文加以詳細論述。

到目前為止，恥感社會和有品社會之間的關係，都是從受害者的角度來審視，但是，羞恥和羞辱之間的關係可能還需要從羞辱者的角度來觀察。我在這裡提出的觀點是：有品社會是沒有丟失它的羞恥感的社會，其成員會因為羞辱和虐待行為感到恥辱的社會。

把人排除出環境群體的羞辱

我曾把羞辱的特徵描述為排除出人類，或者從感情上而言排除出「人類家庭」。這觀點存

5 埃里克．埃里克森（Erik Erikson, 1902-1994），德裔美籍發展心理學家與心理分析學者，他認為人們是通過克服一系列的個人危機而獲得成熟的精神性品質，以創造認同危機概念而著名。

在著難處，如果我們想把這特徵用政治和社會術語來論述時，會給人太抽象因此不實用的印象。畢竟，在我們的社會中，什麼才能被視為排除出人類共同體？似乎只有借助集中營、勞改營、甚至滅絕營這種社會的極端情況才能說明這種羞辱概念。在此類情況中，令人恐懼的羞辱顯而易見，很容易理解什麼叫排除出人類。但是，在這些「營」的各種令人可怕的環境中，面對肉體上的殘酷，羞辱問題似乎處於次要地位。生存比尊嚴更為重要，當生命本身處於危險之中時，自尊似乎是一種奢侈。

然而，這些集中營的有些倖存者堅持認為，他們在那裡受到的羞辱是其磨難中最為可怕的部分。但他們的觀點似乎不具有完全的代表性，其原因只有一個，因為他們活了下來。而且，這些能夠寫出地獄的回憶錄的人，很可能也是對羞辱的痛楚最為敏感的人。亦即是，完全有理由假定，在回憶錄的作者，和即使在嚴重肉體折磨條件下，仍對象徵性動作敏感的人之間，存在著正相關的關係。這點很重要，因為我們想用這些能夠撰寫回憶錄的人的例子，誇大理想和社會價值的重要性。這些人通常特別注重價值和理想。而不寫回憶錄的人，對這些的重視程度不如他們，因此便會出現這樣的情況：不寫回憶錄的人是壓倒性多數。此類數量不等的明顯例子就是他們對自由的注重，特別是言論自由。言論自由對寫回憶錄的人來說是最為重要的，但不寫回憶錄的人可能更偏愛時間自由。

但是，羞辱（包括組織的羞辱）非常普遍，所以沒有必要去尋找充滿暴力的監獄就可以發現它的存在，更不必說歷史久遠的勞改營。然而，羞辱的日常實例通常沒有能夠直接當作把人排除出人類的行為和態度。在一般的社會中，更常見的是一種中介式的排除，表現為把一個人排除出他的環境群體，這群體決定他如何塑造生活而成為人的方法。先前關於使人為其自我定義特徵（如國籍、宗教、種族、性別等等）感到羞恥的社會的討論中，這個問題就出現過。有品社會不會使用組織把這些人排除出其從屬的合法環境群體，就是說它不排除群體，並且不排除屬於這些群體的任何人。在我解釋環境群體概念之前，需要介紹這概念所用的觀點：羞辱是排除合法的環境群體。羞辱的這定義使得這個概念更為具體、更適用於我們所熟悉的社會。我們不再需要到集中營或監獄去尋找羞辱的證據，羞辱就在眼前。

我們現在必須要回答的問題是：什麼是環境群體？環境群體的概念與把人排除出人類的羞辱概念之間存在什麼聯繫？

環境群體（encompassing group）概念出現在我和約瑟夫．拉茲[6]合寫的一篇論文中[7]。在本書中，它用於不同但相關的目的。在我們的論文中，拉茲和我把環境群體的概念定義如下：

一、環境群體具有能夠包容生活中許多重要的、多樣方面的共同特點與共同文化。共同文化決定著其成員的生活方式、行為方式、信仰和關係。在環境群體就是一個民族的情況下，我們可以看到必然會存在一個民族的飲食、特殊的建築風格、共同的語言、文字傳統、民族音樂、風俗、服裝、禮儀、紀念日、節日等等。所有這些都不是法定的，但它們卻構成一個群體成為環境群體的突出特徵。因此，環境群體是一個文化突出、包容生活的許多方面，並且涵蓋其成員生活的多個重要的、不斷變化的領域（特別是對屬於這一文化的人民的福利非常重要的領域）的群體。

二、與第一類特徵相聯繫的特點是，在該群體中成長的人民，獲得群體的文化，並擁有群體的特質。他們的情趣明顯受到社會的文化影響，他們的選擇也是如此。例如，可以得到的職業類型、他們的休閒活動、表明他們與其他民族的關係（既是朋友又不一樣）的習俗和服裝，以及他們夫妻之間和其他成員之間的期望模式，所有這些都標誌該群體中顯著的生活方式。

三、群體的成員資格部分屬於互相承認的性質。如果被群體的其他成員認定為屬於該群體，這些人就被典型地視為群體成員；其他條件如出身、所從屬的文化等一般也被視為是這種身分識別的理由。環境群體的結構並不正規，沒有明確的成員資格規則，成員資格通常通過其他成員非正式承認來獲得。

四、第三類特徵——即上述群體的成員資格——可以證明群體的成員資格，對於從屬該群體的人的自我認同非常重要。在一個環境群體中，成員資格與其成員對從屬該群體的認同捆綁在一起。因此，從屬該群體就是人們向其他人介紹自己的公認的方法。在範圍更大的社會中，環境群體的存在更為顯著。屬於該群體是其成員自我理解的重要事實，但對於其成員來說，能夠與非群體成員討論他們的群體從屬關係，以獲得他們的理解和同情也非常重要。

五、群體的成員資格來自從屬而不是成就。一個人不需要通過證明自己，或具有哪方面的專長，才能被接受為一個環境群體的全權成員。雖然從屬關係主要指一個人被他人承認為該群體的成員，但這種承認卻不以成就為依據。成為該群體的傑出成員也許是成

6 約瑟夫．拉茲（Joseph Raz, 1939-），以色列法學家、道德學家和政治哲學家，是法律實證主義的最重要提倡者，也以完善論自由主義而聞名。

7 Avishai Margalit and Joseph Raz, "National Self-Determination," *Journal of Philosophy* 87 (1990): 439-461.（原註）

就議題，而僅僅是屬於該群體便不涉及成就。做一名好的愛爾蘭人如上所述是成就議題；而是一名愛爾蘭人就只是從屬議題。

認定從屬的標準通常不是選擇的結果。從屬某個環境群體不是人們決定的，他們的本身就是從屬的原因。群體的成員資格建立在從屬而不是成就之上，這是身分識別的一個焦點，因為一個人的群體成員資格本身，不會像在基於成就的群體中那樣會出現危機。

六、環境群體不是一些小的可以面對面的群體，其成員相互之間都熟悉。環境群體是成員之間互相不知道姓名或不認識的群體，因此它必須具有一整套使其成員能夠識別敵我的象徵——儀式、禮節和其他重要活動及其附屬品。

環境群體的上述六個特徵之間相互不存在附屬關係，但它們趨向於聚合在一起，而且在我們這個世界中，每個人都從屬一個環境群體，而且通常不僅僅屬於一個群體：如有的人國籍是奈及利亞，部落是伊博人，宗教是英國國教。

在一個特定的社會中，針對某些環境群體的貶損、仇視、壓迫和歧視的現象，經常是傷害、羞辱、有損人格、道德貶低和辱罵的來源，也是從屬這些群體的人民感到受傷害，和藉此而自我認同的理由。傷害一個環境群體肯定會降低其成員的自我形象，即使從屬這一群體與成就無關，也是會有這種情況。這種自我形象的降低，其重要原因之一就是群體成員得自他人榮耀（來自他們群體中成功成員的成就）的意識被剝奪了。然而，我們所感興趣的是對自尊的損害，而非對自豪的傷害。

羞辱是對某個環境群體的排斥，或者把某個具有從屬該群體合法權利的人排除出群體。宗教群體、少數民族群體、社會階級等等，都有可能被整個社會以不同方式和不同程度（從嘲笑到完全禁止，一直到對參加該群體的人施以嚴厲懲罰）強行排除出社會。有品社會就是不排除道德合法的環境群體的社會。限於合法群體的理由非常明顯，「黑社會」可能完全具備環境群體的條件，我們很容易想到這種情況，從屬黑社會對其成員來說，是一種身分識別與身分認同的緣由，包括在「黑社會」中沒有任何「成就」的人，他們只是犯罪者身邊的人。有品社會不僅有權利而且有義務，把黑社會從環境群體的類別中排除出去。

然而，如何對待同性戀群體呢？對其成員而言，它也是一個環境群體。一個社會如果強制同性戀群體只能「待在櫃中」，是否仍能被視為有品社會？問題不在於是否允許同性戀私下活動當作秘密社會（「同性戀國際」，莫利斯・鮑拉[8]式的詼諧代稱），而是我們應當如何評論一個禁止其人民從屬同性戀群體這個帶有明顯隸屬關係的環境群體的社會。

有品社會並不一定是個高尚社會（respectable society），但它不得限制組織以性向為基礎的環境群體。有品社會可以禁止性行為的不道德方面，如對未成年人的性剝削。一個社會如果限制未成年人參加作為環境群體的同性戀群體，仍可以被視為是有品社會；但是，從表面上看，阻止自願的成年人組織以性向為基礎的環境群體，則是羞辱人。

環境群體的功能還可以用另一種方式來表現，當副語使用，即把從屬於一個環境群體作為修飾人的行為和生活方式的副詞。從屬於一個環境群體，如作為愛爾蘭人，就意味著按照愛爾蘭人的方式做某些事情；作為天主教信徒，要以天主教的方式來做某些事；作為無產者就必須生活在社會的最下層……一個人可以同時選擇幾種生活方式，如按照愛爾蘭人、天主教教徒和無產者的方式來生活。

人可以不從屬於任何一個環境群體嗎？在這方面，繪畫藝術中的風格流派具有很有意思的相似性。有些人繪畫沒有任何風格，他們僅僅是畫家，折衷主義藝術家這個名稱很恰當。但藝術家卻通常依照其藝術生涯不同時期的繪畫風格而被人們所認識：如有人被稱為抽象派藝術家，有人被稱為象徵派藝術家，有人被稱為抒情派藝術家，有人被稱為野獸派藝術家，還有人被稱為抒情抽象派藝術家和抒情象徵派藝術家，還有各種流派的其他組合。所有這些，都是當藝術家的方式。依此相推，做人也有不同的方式，表現一個人的人性也有不同的方式，這就是「風格即是人自身」（Le style c'est l'homme même）這句話的深刻含義。然而，正如有許多折衷主義派藝術家一樣，也有許多世界主義的人，他們不屬於任何一個環境群體。

不同的環境群體反映不同的做人方式。用羞辱的手段把人排除出人類，就表示拒絕他表現他自己作為人的方式。正是這一事實構成了把人排除出人類的羞辱這個抽象概念。

在環境群體的層面上，我們不僅可以發現表現為把人排除出整個群體的形式的羞辱，還可以找到表現為無視該群體的形式的羞辱，即使這種無視是一種善意的疏忽（benign neglect）。因此，我們必須把無視一個人也算作把人排除出人類。本書第三部分的主要內容就是研究，通過把人排除出他們所屬的環境群體，來把人排除出人類的具體方法。

---

8 莫利斯．鮑拉（Maurice Bowra, 1898-1971），英國古典學者，文學評論家和學者，以機智聞名。

對尊重的合理性解釋和羞辱要素

我在本書第三章和第四章中討論了以下三類把人作為人來尊重的合理性解釋：第一，正面的合理性解釋，建立在人的悔改能力之上的。第二，懷疑論的合理性解釋，以人不具有任何能夠解釋尊重人的合理性特質的觀點為依據，但有著對人的尊重態度，根據它可以（懷疑地）解釋尊重人的合理性。第三，反面的合理性解釋，即無法解釋尊重人的合理性，只能避免羞辱人，因為羞辱是一種只對人類的殘忍，而任何一種殘忍都是錯誤的。

與此同時，我將在本書第六章討論構成羞辱的三個含義，或者說是（如果你可以接受）「羞辱」的三個含義。其一，把人當作牲畜、機器或次等人而不當作人對待；其二，行事導致使他人失去基本自我控制能力；其三，把人排除出「人類家庭」。

本節將討論尊重人和不羞辱人的合理性解釋，與羞辱的三個要素之間的某些關係。我們還將描述羞辱的三種含義之間的聯繫。

在基於悔改能力的合理性解釋，與使人失去基本自我控制能力的羞辱概念兩者之間，存在一種介質因素，即人的自由概念。悔改能力與沙特的自由觀相關聯，他的自由觀認為人（如果他想）能以一種脫胎換骨的方式徹底改變自己。確切地講，人如果想就能表現得不一樣，這一概念除了需要人具有意願和能力之外，還需要機會。一個在押囚犯過上等公民生活的機會甚是微渺，尊重囚犯並不代表釋放他們出獄、向他們提供過上等公民生活的機會。他們應得到的尊重建立在他們可以悔改的前提上，也許他們可以用語言和行動來證明，他們有能力改變他們的生活現狀，並且也願意這樣做，但是否向他們提供這樣的機會則完全是另一個問題。

自由的概念因此成為一個向量概念，它是兩個單個向量——能力和意願——的合矢量。自由的兩個學術概念，即自發性的自由（當行為與行為人的願望相符時就是自由的），和無視的自由（行為如果可以用其他方式完成就是自由的），由於它們都需要能力和意願，因此是一個相輔相成的自由概念。但它們各有各自的側重點，前者強調意願，後者注重能力。

儘管悔改的概念被表達為徹底改變一個人的生活的能力，但焦點實際上更偏重於意願而不是能力。即是說，焦點在於一個人經過重新評價其過去的生活，將其視為不道德後，想以完全不同的方式繼續生活的意願。相反的，自我控制的概念，以及與此相平行的、涉及羞辱的失去基本自我控制能力的概念，則與能力自由的概念相關。因失去行動能力而失去基本自我控制能力，其典型例子就是被捆綁、被拘禁和被藥品所麻醉。在我們現在的脈絡下，失去基本自我控制能力主要涉及以撒·柏林[9]所指的對自由的限制，即對一個人行動能力的極端外部干預。在這裡，我們不討論含糊不清的正面的自由概念（以自我實現為目的來決定自己生活方式的自由）中對自我控制的傷害[10]。

以上三種羞辱概念（把人當作非人對待、把人排除出群體，以及使人失去基本自我控制能力），就是羞辱這個詞的三種不同的含義。三種含義並非三種意思，從非技術意義上講，如果一個詞的不同用法共同擁有一個重要的內涵時，則這個詞可以被稱為有不同的含義。不同的含義（sense）在字典中可以在同一個條目下查找，而它的不同詞義（meaning）則應在不同的詞條下查找，但要取決於這些詞義是否相互排斥。

因此，我們在這裡所討論的三種羞辱概念不是三種相互獨立的意義，而只是屬於互相之間密切關聯的三種不同的含義。聯繫尤其緊密的是把人排除出群體，和把人當作非人對待這兩種羞辱的含義，這兩種羞辱的側重點有所不同，但含義上存在許多共同之處。因此，當我談到羞辱的不同概念，應當始終被理解為，我指的是羞辱這個詞的不同含義，而不是它的不同的詞義。

各種含義的羞辱與尊重人的反面的合理性解釋之間的聯繫特別緊密，因為反面的合理性解釋涉及禁止一種能僅指向人的殘忍的羞辱。把一個生靈捆綁起來以剝奪其自我控制能力，也顯然是對動物殘忍的表現，但作為羞辱人的方式，剝奪其自我控制能力，其獨特性在於不僅僅是人身限制的殘忍，而且也成為表示受害者服從於他人的權威或控制的象徵。

所以，殘酷是尊重人的反面的合理性解釋，和羞辱的各要素之間的中介概念。但殘酷與羞辱之間的關係並不簡單。作為不羞辱人的社會，有品社會不只是「首先要避免殘酷」這條原則的特殊情況[11]。殘酷與羞辱之間的複雜性，用以下這個關於北美洲原住民部落的故事來說明。據說這些部落通常折磨他們所尊敬的敵人的方式，比折磨他們所蔑視的敵人更為殘酷，其理由是他們想讓他們所尊重的敵人，在殘酷的折磨面前顯示自己的毅力和克制力，從而使他們死得壯烈；而對於他們所蔑視的敵人，他們從不給予這種機會，其原因部分在於他們認為這些可鄙的生靈做不到像英雄一樣死去。

我不敢肯定這個故事的歷史性真實度，但只要我們能理解這個故事，就證明了殘酷和羞辱

9 以撒．柏林（Isaiah Berlin, 1909-1997），哲學家、思想家，亦為二十世紀自由主義大師級人物之一。

10 Isaiah Berlin, "Two Concepts of Liberty," in Berlin, *Four Essays on Liberty* (London: Oxford University Press, 1969), pp. 156-162.（原註）

11 Judith N. Shklar, "Putting Cruelty First," in Shklar, *Ordinary Vices* (Cambridge, Mass.: Harvard University Press, 1984).（原註）

之間關係的複雜性。在這個故事中，肉體的殘酷（殘酷的原意）實際上成為一種尊重的表示，而對敵人不殘酷則是一種羞辱行為。

我因此而認為應當把節制社會（bridled society）和有品社會區別開來。有節制的社會避免肉體殘酷，如它不會使用體罰或者甚至苦力勞動，但它不能避免對其成員的組織性羞辱，所以它不是一個有品社會。

這幾種不同類型的社會是按照詞典編纂的順序排列的嗎？即節制的社會排在有品社會之前，而有品社會又排序在正義社會之前。換言之，我們必須按照朱迪絲·施克萊[12]的「首先要避免殘酷」原則先建立一個有節制的社會，然後才去防止羞辱嗎？我們應該避免對不同類型的社會確定一個優先秩序嗎？

節制社會和有品社會之間的關係（我們在這裡必須牢記，我們所討論的都是社會的理想型），與我們對殖民制度的態度密切相關，我們往往過多局限於肉體殘酷，而沒有對殖民制度所取代的那些政治制度給予足夠的關注。儘管如此，殖民制度往往比當地的暴君更羞辱人，更會把其成員排除出人類。因為當地暴君把所統治的民族，或所統治的部落成員視為其臣民，並視為與其一樣的人類。如果「首先要避免殘酷」原則是指「只有先根除肉體殘忍，然後才能根除精神殘酷」，那麼事情就複雜了，我們會遇到在避免肉體殘酷的羞辱人的殖民制度，和肉體殘忍但不羞辱人的當地暴君之間做出選擇的兩難。我們所面臨的這種兩難也許可以證明，我們不得不在兩種邪惡之間做出選擇，而且毫無疑問，我們很難確定哪一個危害更少。

在其他所有事情都相等的條件下（但不是上述例子中的兩種政治制度的情況），徹底根除肉體殘酷才是第一要務。於是，我排列出一個編目詞典的優先次序，把節制社會放在首位，有品社會次之，正義社會最後。這個次序是累進的，即有品社會必須是節制社會，正義社會必須也是有品社會。有品社會和正義社會之間的關係將在本書結論部分論述。

我已經注意到了羞辱和對尊重的懷疑論合理性解釋之間的緊張關係，緊張的焦點集中在羞辱的兩種含義上：一是把人當作非人對待的羞辱含義，一是把人排除出人類家庭的羞辱含義。倘若人受到其中一種羞辱，那麼，尊重人的態度怎能作為一個基本的假定條件呢？我曾經解釋過，懷疑論合理性解釋的基礎，並非是現在已經存在一個把人當作人來尊重的事實，而是所有人都應當受到尊重這一概念。實際上，尊重人這背景概念的存在，是通過羞辱的這兩種含義才

12 朱迪絲・施克萊（Judith Shklar, 1928-1992），二十世紀美國著名的政治學家、自由主義者。

得以證實的，因為沒有這概念就不可能有羞辱，至少不可能有故意行為的羞辱。為了在概念上可以將把人排除出人類家庭視為一種羞辱行為，就必須有人應受到基本尊重這樣的背景假定條件，偏離的結果就產生羞辱。羞辱是一個參照概念，它的參照物是尊重人的概念，如果沒有人的尊嚴概念，也就沒有羞辱的概念。

9 公民身分

由於有品社會涉及對人的尊重，而且羞辱任何人都是錯誤的，因此在同一個社會中，社會成員和非社會成員之間不應當有所區別。正是出於這個原因，我不把有品社會定義為不羞辱其成員的社會，而是將此概念拓展到包括其管轄權範圍內的所有人。

管轄權的概念需要闡明。在殖民主義者當政時期，荷蘭社會，在荷蘭是只包括其公民的組織，是有品社會，或者近似於有品社會。然而，對於它在印尼統治的人民而言，就稱不上是有品社會。因此，從整體上便不能認為荷蘭是個有品社會。認定有品社會不僅要看它的組織如何對待其本國公民，還要看它如何對待殖民地的人民。

當一個社會就是一個環境群體時，我們便可以了解這個社會是如何對待其成員的。這個問題比上個問題的範圍要窄一些，上個問題既包括社會成員，也包括非社會成員。現在的問題是從屬於該社會意味著什麼？這種從屬如何反映在該社會組織對待其成員的方式中？認定一個社會是否為有品社會時，有一個非常重要的問題是，它是否拒絕接受應當從屬於它的人們的成員資格。這個問題不能僅限於、或者甚至主要限於在社會中的正式接納，還必須從「從屬」這個更寬的概念上來關注。

民族國家是討論有品社會問題的自然範圍。從整體上看，民族國家對其公民起著環境群體的作用，我把討論限定在民族國家的概念之內，並不是限定它的普遍性，因為我們正在討論的原則，完全可以延伸到非民族國家的社會架構。

我的第一個觀點是：有品社會不應傷害從屬它的人民的公民榮譽。更為大家所熟悉的說法是：在有品社會中沒有二等公民。在古羅馬時期，公民享受著特別的公共特權，例如在議會中投票、服兵役、執掌公共機構的權利，以及控告他人，和對指控進行辯護的法律權利，古羅馬還存在著個人權利，如結婚和經商的權利，但在公權和私權之間有著嚴格的劃分。某段時期，羅馬人向他們已經征服的拉丁民族提供不享有公共權利的公民資格。其實，羅馬與義大利境內各鄰邦之間的幾次戰爭，都是關乎於外國人所享有的公民權利的範圍。羅馬的二等公民資格的概念就是沒有投票權的公民資格。

我之所以提及古羅馬的二等公民資格，是因為它可以說明以下這個重要的事實：二等公民資格不僅涉及剝奪人的基本資源、不願意分享權威，而且還涉及一個理念，即二等公民從本質上講不是完整的人，換言之，他們不能成為可以負責任的成人。從這個意義而論，二等公民不僅被拒絕全面加入社會，也被拒絕全面加入「成人社會」。現代民主啟蒙時期興起的婦女解放運動，在某種程度上涉及同樣的問題，即它是反對把婦女視為不完整的人的抗爭。

公民資格是典型的涉及權利的成員資格地位。有兩種形式的二等公民：一是拒絕將全部公民資格的權利給予某個公民，一是拒絕將公民資格給予某個具備資格的公民。

第一類二等公民資格並非總是正式涉及否定人的權利。有時表現為對行使這些權利的歧視，即已承認的權利卻不能兌現，而且這種歧視變成制度。二等公民資格還可以涉及不把某些權利（比如給予其他公民的權利）給予某個公民。

第二類二等公民資格實際地拒絕給予（在道義上）從屬於某個國家的個人在該國的正式公民資格，而給予這些人不同的、較低的公民地位，如永久居留權。從想成為公民加入這個社會的人的角度看，這是次等公民地位，儘管那些僅在這個國家避難並無意成為公民的人並不一定這麼認為。

巴勒斯坦阿拉伯人認為，他們在科威特是二等公民。以色列阿拉伯人認為，他們在以色列國是二等公民，但這是兩種不同的看法。科威特的問題是，出生在科威特並終身在科威特生活、工作的巴勒斯坦人，被拒絕賦予科威特的公民資格，即使他們具備這種資格。以色列阿拉伯人卻有完全的以色列公民資格，但有些公民權利他們不能享有，有些又不適用於他們。以色列阿拉伯人的例子非常有意思，大多數以色列人阿拉伯人不把以色列視為他們自我定義所需的環境群體，而且在那些從屬這一環境群體的人當中，部分人甚至覺得很不自在。儘管如此，他們仍執著追求平等的公民權利，這不僅是對公平地分配給公民的所有物品和服務（如政府住房補貼）的要求，而且還說明，拒絕他們享受這些產品和服務的事實，即使發生在一個他們並不認同的社會，也應被視為羞辱，而不只是不公正。

物品和服務分配上的歧視是羞辱的一種形式，即便被剝奪的人認為自己不屬於這個剝奪他們的社會。他們也許從技術上（例如從領取護照上講）把自己視為社會成員，但這種成員資格並不是他們自我定義的構成要素。即使這樣，被拒絕享有公民權利，就是被羞辱。羞辱是從「你不願意歧視者來定義你」的想法中產生。你可能不想成為他們的社會成員，但你不願意他們認為你不值得從屬於這個社會。我相信許多以色列阿拉伯人都是這樣感受的。

那些享有特權（即並不給予所有人的權利）的人的情況如何呢？例如，在中國生育第二胎的權利只有少數人才能獲得，大多數人無法獲得。但非常滑稽的是，這種特權被視為一種羞辱，原因是這種特權受到大多數人的嫉妒。

其實，我們能夠想像到一種文化，在這種文化氛圍中，盛行的觀點是家庭規模以兩個孩子為合適，而且孩子多了會使家庭變成「動物園」。在一個具有這種文化的社會裡，對少數人生育兩個以上孩子的行為並不禁止，但會被理解為把孩子當作動物來養。狗在光天化日之下隨地大小便的「權利」，並不是一種拒絕給予人類的特權。

於是，連那些不希望但卻具備資格成為某個環境群體的成員的人也認為，被排除出這個環境群體就是被羞辱。不僅如此，雖然可以獲得的分配是負擔，如在以色列軍隊服兵役，但那些被排除的人（以色列阿拉伯人）會鬆口氣，而不把他們包括在內（指服兵役），卻不一定會使他們感到高興。我要提出的觀點是，在公民權利方面的歧視問題，不僅僅屬於分配正義問題，還是羞辱問題。二等公民資格，無論以什麼形式出現，都不僅是排除，而且事關羞辱。在有品社會中，公民資格必須是人人平等的，這樣才不是羞辱人的。二等公民資格帶來的感覺不只是做二等公民的感覺，還有做「二等人」的感覺。

亞里斯多德認為，人的定義特質是政治動物。他認為，我們越是揭掉人的政治特徵，人就越是動物，即越被排除出人類共同體。按照亞里斯多德的觀點，剝去人的政治特徵，就相當於阻止他成為公民——政治生活的主動參與者。一個好的公民不一定是個好人，但一個人如果不是公民，從亞里斯多德觀點看，就不是完全具有人的資格的人——他被剝奪了基本的人的特質。我不認為政治生物是成人的定義特質，但我贊同亞里斯多德的觀點，二等公民（無論是剝奪公民資格，還是公民權利方面的制度性歧視）是屬於把人排除出完全具有人的資格的族類，而不僅是排除出某個特定社會的公民資格。

有品社會應當是個沒有二等公民並且踐行人人平等的公民概念的社會，有人也許會反駁說，堅持這個標準毫無意義。兒童是公民，但即使在非常關注兒童權利的民主國家，也沒有人主張兒童應當擁有選舉權，或者被選舉任職社會機構的權利。在絕大多數國家，囚徒也被剝奪了公民權利，如議會選舉的投票權，但這不能成為不承認它是有品社會的自明的理由。因此，說一個國家有二等公民存在就不能被視為是有品社會，未免太廣泛而不實用。

基於人的尊嚴的考慮反對二等公民資格，這種觀點認為：此類公民資格可以被理解為，把個人或群體玷汙為不成熟的人類。一種解釋是當作是非成年人，這意味著他們沒有能力對他們的公共生活負責。但是，兒童被包括在非成年人的定義範圍內，但這樣對兒童的劃分並不構成羞辱，因為他們最終會成年。把成年人當作孩子是以恩人自居的態度，把成年人終身當作兒童就是羞辱。如果一個母親不接受她的女兒已經成年，而始終把她當作兒童來對待，這是母親在羞辱女兒嗎？對，也不對。對，是因為女兒已經成為能對其行為負責的成年人，但母親仍不接受；不對，理由在於母親把女兒接受為無須賦予資格的家庭成員，而羞辱的主要動機卻是排斥（對囚徒的排斥問題將在本書第十六章討論）。

對三種公民身分的拒絕

湯馬斯．馬歇爾[1]認為，公民身分概念可以分為三個層面，即法律公民身分、政治公民身分，和社會公民身分[2]。每一個層面都由一組權利和特權構成其特徵。法律公民身分是公民在

1 湯馬斯．馬歇爾（Thomas H. Marshall, 1893-1981），英國社會學家，以其「公民身分和社會階層」方面的著作而聞名。

2 T. H. Marshall, *Class, Citizenship, and Social Development* (New York: Anchor, 1965).（原註）

涉及法律事務方面的全部權利，主要包括與個人地位有關的權利。政治公民身分包括政治權利，如選舉權和被選舉權。社會公民身分包括公民的社會福利權利，如醫療、教育、就業和社會保險。馬歇爾認為，這種三種的公民身分也可以用來說明民族國家中的公民身分概念的歷史演變。在十八世紀，法律公民身分被人們最為看重，萌生出「法律之前，人人平等」的思想；十九世紀時，政治公民身分受到重視，提出了「人人都有選舉權／一人一票（one man, one vote）」的口號；到二十世紀後，對社會公民身分的訴求位於政治領域的中心。

以下這個觀點我們大家都很熟悉，即不完整的公民身分是一種二等公民的身分。缺乏經濟和社會權力的階級，其成員即使從法律和政治上講也都不是完全的公民。他們在法律面前不平等，而且他們被選舉的機會很少。公民身分的前兩個特徵並不能保證在社會中的完全歸屬。經濟上的窮人（特別是「下層階級」），即便是正式公民，往往也會以從疏遠到敵對的形式來表達他們政治上的不認同。

下面這個觀點我們也很熟悉，即公民身分是本質上每個人都可以享有的公共產品。自由市場的激進捍衛者亞當·斯密認為，應該向工人階級免費提供（職業）教育，因為這樣能夠確保他們的子女作為完全的公民加入社會。對他而言，完全的公民是有生產力的公民。

連反對稅收的人都相信，必須通過轉移支付[3]把二等公民轉變為一等公民。社會公民身分是公共產品這觀點已經成為支持福利國家的重要論據。但無論這觀點有多麼正確，它也不是我的論點。我贊成公民身分第三個層面，論點是工具性的。如果社會公民身分包括醫療服務，那麼我認為合理化提供醫療服務，就不是病人會沒有能力主動地加入社會，是以治好他們的病有普遍的社會意義。更恰當的合理化解釋是，治好病人本身也是一件好事。我將在本書第十四章中進一步討論這個問題及其相關問題——即有品社會與福利國家之間的關係。在這裡，我願意對社會公民身分的範圍問題稍加贅言，更確切地說，我希望集中討論一下社會公民身分的象徵意義。

3 轉移支付是指政府或企業的一種不以購買商品和勞務而做的支付，即政府或企業無償地支付給個人或下級政府，以增加其收入和購買力的費用，是收入再分配。轉移支付是包括養老金、失業救濟金、退伍軍人補助金、農產品價格補貼、公債利息等政府與企業支出的款項。這筆款項的支付不是為了購買商品和勞務，所以將其稱作轉移支付，有時也稱轉讓性支付。

象徵性公民身分：第四個層面

我提出公民身分概念的第四種層面——象徵性公民身分的層面，即共享社會的象徵性財富。這種公民身分通常不用權利來定義，而是通過社會內部集體的權利來處理。例如，少數群體使其語言被認可為國家的官方語言的權利。

我的觀點是，有品社會是不剝奪任何公民群體象徵性公民權利的社會。在象徵性公民身分的層面上，有品社會沒有二等公民。

不剝奪任何公民或群體的國家的象徵性特徵，這要求具有深刻意義，它取決於一個人對「剝奪」這個詞理解的嚴格程度。對於非政教合一的社會而言，把宗教和國家相分離就可以滿足這種條件。因此，類似英國這樣的國家，可以通過要求國家元首（女王）不擔任英國國教的主教來達到這個目的。許多英國公民不是英國國教教徒，賦予國家的核心象徵（如女王）一個國教特徵，會剝奪這些人社會的這一象徵層面，從而把他們變成二等公民。

對於不剝奪任何群體的象徵層面這一要求，反對的觀點認為，一個社會的象徵層面，即國家，其主要用途之一是通過公民對國家的身分認同樹立忠誠感。這需要一些對人的精神和情感有影響力的召喚性象徵。這種象徵不能人為地憑藉主觀意願來創造，而必須是有機的歷史進程的產物。在英國的這個例子中，教會與國家之間的聯繫在歷史進程中不斷變化著，割斷這種聯繫將會剝奪國家動員人民行動（在戰時就有需求）的權力象徵。喪失象徵權力必然導致出現絕大多數英國人不再對王國懷有感情的狀況，而這種狀況會損傷英國的元氣。

為使少數群體加入而人為地淡化國家的象徵，這會弱化多數群體對其國家身分認同的能力。如果是這樣，象徵層面在社會中便毫無意義。屬於一個國家與加入一個保險公司不同，保險公司擁有自己的商標和廣告詞，但商標不是民族的象徵，廣告詞也不是國歌。剝奪公民的民族身分認同的象徵層面會付出多大代價？一個把多數人群體凝聚在一起，並產生對國家的深刻身分認同感的象徵，在許多場合下與國家內部的少數人群體直接對立，這一現實使這個問題更加尖銳。有句名言似乎很有道理：民族，是一群仇恨其鄰居，並對他們的種族起源有共同幻想的人的集合。倘若被仇恨的鄰居是本國的居民，而且國家象徵又直接與他們對立，那麼這些象徵就會引發重大問題。

所謂某些象徵會與少數人群體直接對立，意指這種象徵肯定會使少數人群體的成員明顯地感覺受到社會的排斥。對於少數人群體而言，它是否構成羞辱或傷害，取決於該象徵的力量和意義。然而，作為初步近似（first approximation）[4]，對社會的象徵來源的限制是：它不得包含與某個少數人群體直接對立的象徵。更棘手的問題是，如果少數人群體不能分享社會來源中的象徵（因為它們都是取自於多數人群體的歷史和文化），我們該怎麼辦？在這種情況下，我建議，作為初步近似，這個問題屬於正義社會討論的範疇，因為正義社會要求正義地分配其來源中的象徵，但它不屬於有品社會討論的問題。

有品社會中象徵公民身分的原則至少應當是：有品社會不得在組織層面上，發展或支持任何明顯或不明顯地與國家某些公民直接對立的象徵。

4 近似是指一個事物和另一事物類似，但不是完全相同。近似可以用在許多性質上，是指幾乎一樣，但沒有完全一樣的情形。

10 文化

有品社會的文化應當是什麼樣子？此問題的答案很明顯：它是一種不羞辱其成員的文化。然而，在這個明顯的答案背後還存在著一些與該文化相關的問題，以及我們為使該文化不羞辱任何人而願意付出的審美代價。

為了創建一個有品社會，人們也許會探問：「文化創造力的精神是否應該受到外部規範（比如我們不應該羞辱他人）的限制？」夏洛克[1]和費金[2]都是構成羞辱猶太人來源的文學角色，難道這意味著有品社會必須限制《威尼斯商人》（*The Merchant of Venice*）和《孤雛淚》（*Oliver Twist*）的出版發行嗎？我們能要求有品社會從正面用不羞辱猶太人，但強調劇中的夏洛克是一個為捍衛其榮譽而對抗的被羞辱者的方式來解讀《威尼斯商人》嗎？也許猶太人已經獲得了足夠的社會信任，因此這些作品對他們來說不再具有羞辱性。然而，那些在文化中用羞辱方式來描繪的弱勢少數人群體，如何對待它們呢？

有品社會的文化必須是不羞辱人的文化，這是一個明確的否定命題。有品社會沒有義務正面地突出任何人，即使他們是弱勢群體或弱勢個人。換言之，有品社會的文化不需要突出宣傳「進步力量」和弱勢群體的「社會主義寫實主義」[3]。

但是，問題尚未解決，我們是否要接受美學創造力之外的規範（例如嚴禁羞辱），才能確保我們的文化能夠具備有品社會文化的條件？抑或我們更應當保護文化創造力不受任何外部干預而限制創造自由？我並非想問哪種文化有資格被視為有品社會的文化，而是想探詢是否有必要對藝術施加外部規範，或者是否有這個想望。外部規範是非美學的規範，如果我們想對高雅藝術規定限制以防止羞辱，則我們肯定能夠對有品社會中較低層級形式的藝術也提出此類要求，因為對此類藝術提出這些要求不會對藝術造成嚴重損失。

---

1 夏洛克（Shylock），莎士比亞戲劇《威尼斯商人》中冷酷無情的高利貸者。

2 費金（Fagin），狄更斯小說《孤雛淚》中的教唆兒童犯罪者。

3 發源於前蘇聯的寫實主義風格，並逐漸散播至其他社會主義國家，目的是為了推廣社會主義。社會主義寫實主義經常讚美革命社會主義與工人階級。

否認不羞辱人的要求是對藝術作品的外部規範，可能是對我們這個問題的一個答案。羞辱人的藝術不是完美的藝術，完美的藝術不會為感到被羞辱提供充足的理由。藝術是否完美不能以是否羞辱人來判定，但這不意味著羞辱人不會減損它的審美價值。沒有羞辱人的內容，它會更加完美。這種觀點值得研究，但我不想把討論引向審美及其與道德評價的關係等問題上。在我們這個討論中，我假定不羞辱人是評價藝術作品的一個外部標準。顯而易見，我們必須把處理羞辱和墮落議題的作品，與羞辱人的作品區別開來。前一種藝術作品（如薩德侯爵[4]的作品）即使津津有味地描寫羞辱，都不是羞辱人的作品，薩德侯爵的作品一點也不羞辱我們。以反對教權來閱讀，它們甚至可以提升和淨化我們的靈魂。

適用於有品社會的藝術規範，提出在有品社會中創作或流行的藝術作品，不得為感到被羞辱提供充足理由。有人反對說，高雅藝術甚至可以解釋羞辱的合理性。其實這是錯誤的。羞辱人的藝術作品是好作品，這種觀點充其量只能作為對作品進行道德評斷時，可引用的一個可減刑情節，它緩和了我們對作品的態度，但它無法廢除不羞辱這一規範。一個社會，如果其藝術作品無論好壞，犯了有系統地羞辱個人或群體的罪過，就不是一個文明社會。當這種藝術上的羞辱得到組織的支持（如享受補貼）時，它所在的社會便不是有品社會。

到目前為止，我們一直把有品社會的文化性質問題限定在特定的問題上，關於對高雅文化的必要限制。「文化」一詞經常取其「高雅文化」的含義，它的反面是沒文化或是粗俗。我不想把文化的概念限制在菁英層面上，但我也反對在通俗層面上使高雅文化的概念模糊不清。這種模糊是因某種觀點造成的，這種觀點認為，高雅與通俗文化之間的對立是階級衝突而不是文化的撞擊。在民粹主義者的觀點中，這兩種文化之間並無優劣之分，只反映「階級的」偏見。文化概念則是一個存在爭議的概念，我在這裡沒必要參與圍繞它的爭論。

首先，我們必須把文化組織和文化內容加以區別。文化組織包括教育組織（如學校）、傳媒（報紙和電視等）、出版社、歷史檔案館、博物館、戲院、歌劇院等，文化內容包括在社會和管理這些內容的組織中被創作、保存、傳播、審查、遺忘和記憶的內容。

因此，有品社會文化的基本問題必須一分為二：一是有品社會的文化內容是什麼？對文化內容應當採取什麼限制才能使其與有品社會相適應？另一個則是對有品社會的文化組織應當有什麼限制？這兩個問題之間有一個緊密的關聯，如果在有品社會中，戲劇是不會羞辱人的（這

---

4 薩德侯爵（Marquis de Sade, 1740-1814），法國貴族出身的哲學家、作家和政治人物，是一系列色情和哲學書籍與劇作的作者。

涉及文化內容），那麼涉及組織的問題便是：這些組織是否應當削減給予上演羞辱人戲劇的劇院的補貼，例如法斯賓達[5]的《垃圾，城市與死亡》（*Der Müll, die Stadt, und der Tod*），該劇被德國的猶太人視為羞辱人。

文化內容和文化組織之間的區別，會因為扭曲文化概念而受到挑戰。文化不是內容問題，而是表現的形式和可能性的問題。文化是語言概念的拓展，它包括了能提供某個社會自我表現的一整套象徵和符號。正如語言的特徵不是由其內容規定的一樣（語言不是由它說的什麼，而是由它能說什麼來體現特徵），文化作為象徵和符號體系並且具有組合這些象徵和符號的可能性，其特徵也不是由其內容規定的。文化是符號性的，即包括一整套符號和象徵的語言概念的拓展。

我認為，正式的文化表徵是空的，因為自然語言的本身基本上可以說明任何事情或者幾乎所有事情。我們應當把它的實際使用的方式，而不是它所具有的基本表達潛能作為象徵。猶太人社會曾有過特定的表達方式，用來表達猶太人與非猶太人之間的區別，甚至是希臘人與野蠻人之間的對立。然而，前一種區別是現有即得的，而且在猶太人的講話中經常使用；而後一種區別在其中沒有任何體現。因此，我們所感興趣的不是一種文化的符號體系能代表什麼的問題，而是它實際代表什麼，特別是人（不論是作為個體還是群體）是如何被代表的。在英國的英語中，存在著許多與荷蘭人有關的下流俗言，如「Dutch comfort」（原意為聊以自慰的寬解），意指「很快會變得更糟」；「Dutch courage」，意指酒後之勇；「Dutch widow」，意指娼妓。還有許多其他表達方式，都明顯源自於英國和荷蘭之間海軍及貿易敵對的時期。我們可以斷定，這些表達方式不會影響英國人今日對荷蘭人的看法，然而，這種表達方式也許會被用來影響一個人認識另一個人的形象。不管怎樣，當我們討論能定義集體再現的象徵時，均指現在繼續起作用的象徵。這類象徵或許會是一些陳腔濫調（我們思維的「痙攣」），但仍然有作用。

我們關心集體再現的樣貌，這種再現主要包括社會成員共享其概念和情感意義的象徵，它還能有力地促進對該群體的身分認同。集體再現的重要作用是由其他社會群體（其中一些群體就存在於同一個社會中）的刻板印象來體現的。刻板印象不只是一個人的群體簡化、模式化的再現。每種分類或一般化的形式都是簡化的、固定模式性的，因為簡化和模式化是認知之必要。刻板印象是一種特殊的分類，它誇大一個群體的負面特徵，能把取決於文化和歷史的特徵變成

5 法斯賓達（Rainer Werner Fassbinder, 1945-1982），德國電影導演、演員和劇作家，新德國電影最重要的代表人物之一。

與生俱來不可改變的特質。正是由於這個原因，刻板印象思維方式與種族主義思想正好對接。種族主義把天賦和永久性歸結於後天的、暫時的和不受歡迎的特質。作為一種集體幻象，刻板印象是錯誤的，這並不是因為它們的固定模式簡化和對個人之間差別的無視，而是過於注重不受歡迎的特質並使其變成了天賦。

黑人的懶惰、義大利人的激情、美國人的鬼鬼祟祟、猶太人的排外性格、土耳其人的殘忍、德國人的沒幽默感，所有這些都是負面的特質，把這些特質賦予這些群體自然就是汙辱。但這算是羞辱嗎？

確切而言，不是所有刻板印象都建立在負面的特質之上，許多刻板印象也基於正面的特質，如黑人的節奏感、義大利人的熱情、美國人的機靈、猶太人的家族意識、土耳其人的勇敢，和德國人的效率。我在這裡所使用的刻板印象只是指負面的成見，而且我的問題是它們是否羞辱人。

似乎應當區別人的標記和社會標記。人的標記主要指生理特徵，而且人的標記使標記攜帶者在某種意義上被排除出人類；社會標記則涉及一個使其標記攜帶者在某種意義上被排除出某個社會的議題。但這兩種標記實際上涉及除了排斥他們的那個社會之外不從屬於其他社會的人，如義大利的西西里島人、法國的科西嘉島人，以及在許多國家的吉普賽人，他們都是身分認同依附於排斥他們的社會，而且沒有生活在其他社會選項的人。對於此類被其社會排斥（包括被看作是二等公民）的人來說，就相當於被排除出人類。社會標記或刻板印象是否羞辱人或僅僅是汙辱人，不能僅藉由集體再現中所體現的無禮特質的性質來判斷。關鍵在於這種汙名的社會後果，這是無法預測的。

主流文化中的有品合宜

迄今為止，我一直在使用集體再現的概念來表示社會成員共同持有的表象，但這概念需要迴避。文化中羞辱人的再現問題與社會中的主流文化沉浮相伴，因為只有主流文化才有能力從社會整體上接收和排斥人。主流文化的概念包括兩種含義：其一，社會中佔據統治地位的群體文化，是有權決定誰從屬該社會和誰不從屬該社會的文化。在這一條件之下，社會中還會存在有其他的群體文化，它們與主流文化共同存在，但其重要性要低一些，甚至於根本不受人重視。

其二，有一種適用於全社會的文化，這個文化由佔社會統治地位的群體決定，並受到該群體的控制。本書所使用的集體表象概念涉及第二種含義的文化，即佔社會統治地位的群體決定並控制的主流文化。

我認為，一個社會只有當它的主流文化，不包含社會組織主動並有系統地使用的羞辱人的集體再現時，才是一個有品社會。

這隨即帶來一個問題：如果有品社會的文化需要限制羞辱人的集體再現，會使得有品社會轉化為，不讓其社會成員詛咒他人的清教徒社會，一種其心靈的純潔與「嘴巴乾淨」相結合的社會嗎？追根究柢，這種清教徒主義的當今世俗翻版就是「政治正確」運動，其只允許非侮辱性的政治正確表達。

限制羞辱人的表達方式，其風險在於會創造表面上尊重人的虛偽的社會，使其成員認為他們不能公開表達的思想是有害的。我們的擔心是，在這個社會中，人民不能直接地表達厭惡，這也許比公開表達更為糟糕，因為這種厭惡會被掩蓋在尊重之中。如果人民都在揣摩他人的羞辱人的想法，還不如讓他們在可以公開的地方發洩為好。但是，即使我們不考慮哪一種社會（有品但有虛偽文化的社會，或者不是有品但沒有虛偽文化的社會）更好，用限制表達手段來阻止羞辱是否正確，這一般性的問題仍困擾著我們。

我相信，我們在這裡討論的有品社會與文明社會之間，是有很大差別的。（我認為這種區別相當於沒有組織性羞辱，和沒有個人羞辱之間的區別。有品社會是不存在組織羞辱的社會，而文明社會則是不存在個人羞辱的社會。）儘管必須特別警惕試圖限制個人自我表達的方法，以及他們在使用集體再現時可能採用的羞辱或汙辱人的方法，但仍沒有必要對限制組織的表達如此謹慎。我把代表某個組織的個人所做的聲明或通知也包括在這一類中，此類說話者不僅包括組織的官方發言人，也包括在組織中擔任相似角色的人，其被合理地認為說話要有美德。

還有許多介乎二者之間的情況存在，即我們不能確定說話者代表自己還是代表組織發言的情況。這方面有一個實例很有趣，它出現在政治正確的趨勢中，即大學教授在校園裡說話時的身分，他們說的話應當被視為組織的表達還是個人的表達？一方面，大學教授在組織中作為教師在說話，因此對組織的限制也應當適用於他；另一方面，大學這一特定的組織應當給教授們提供很大範圍的表達自由，即學術自由。無論上述哪種情況下，學術自由都應被理解為：教授應至少享有社會中任何個人的表達權利，因而他們即使作為教授在學術機構中擔任一定的職務，仍應當被視為個人而不是該組織的代言人。

讓我們回到個人使用的羞辱人的集體再現，和公共組織使用的羞辱人的集體再現二者之間的功能區別上來。通常，組織做出的羞辱（如被一個社會組織排除出某個環境群體），比社會中某個個人所做出的羞辱更為傷害人。但是，限制個人的表達則比限制組織的表達更有害，箇中原因顯而易見。首先，對於被羞辱者而言，組織羞辱的威脅成分一般大於個人羞辱，因為組織一般比個人強大，因此造成的損害也更大。從羞辱本身而言，組織性羞辱涉及把某個人排除出某個環境群體，所以被視為是整個社會的排斥；而個人做出的羞辱通常不是這種情況。與此同時，限制組織的表達自由並不像約束個人的表達自由那樣嚴重，因為表達自由的終極合理性解釋是個人的福祉。組織的表達自由寓於個人的表達自由之中。如果上述觀點是正確的，那麼我們有理由要求把對個人和對組織的羞辱行為的限制加以區別。在其他條件相等的情況下，對組織的限制比對個人的限制更具合理性。

對於有品社會的文化，有個重要的測試方法，就是看它對色情作品的態度。色情作品的一個重要的、甚至是構成要素的是，以羞辱的方式來再現女性。色情作品不表現性，而是挑逗，這一事實的副產品便是它用一種特殊的羞辱人方式來表現女性——把女性僅僅作為挑逗男人性欲的工具。在這裡，文明社會和有品社會之間的區別又是關鍵。還有一個是組織使用色情作品

（如軍隊發來當作提振士氣的用品）和個人使用色情作品之間的區別，而且在這裡，對組織使用色情作品的限制，也必須與對個人使用色情作品的限制區別開來。作為最為接近的結論，限制組織使用色情作品以保證社會是有品社會，這是正確的；但是，限制個人使用色情作品特別是參與者是有自主意識的成年人時，那就是錯誤的。

次群體的存在

讓我們設想一個包括有自己的生活方式的環境次群體的社會，整個社會的文化組織，特別是媒體，通常不向公眾介紹這個次群體或者它的生活方式。儘管在整個社會的媒體中，該環境次群體的集體再現並沒有被貶低甚至被汙辱，但該次群體及其生活方式被人們所漠視。讓我們假定這種漠視是國際性的，而且該次群體在文化中缺乏公共存在，是國內外媒體審查的結果，比如我們可以想像一下這就是在某些社會中同性戀社群的情況。同性戀社群在這些社會中成為環境群體，但這些社會故意無視它。社會試圖透過將同性戀社群孤立在限於少數人加入的俱樂部、酒吧、私人派對等場所，來將他們從公共視野中抹去。這種有意識的漠視是對該環境群體的羞辱嗎？漠視，無論是國內還是國際的，通常都應被視為是羞辱人的嗎？

為了簡化討論，我們假定在文化中給予環境次群體的公共存在不需要任何經濟代價，而漠視他們卻可能會產生經濟負擔，體現為收入損失（如不經營針對該次群體、可以增加產品在該群體內銷售數量的廣告）。

故意漠視意味著取消資格並公開譴責次群體的生活方式，但這種譴責構成羞辱嗎？環境群體（在我們的例子中為同性戀社群）可以把社會對他們的故意漠視，看作是社會認為他們的生活方式缺乏人的價值嗎？同性戀的合理性被解釋為：他們以向公眾表現自己的生活方式的形式來表現自己作為人的合法性沒有得到承認。對一個有價值的生活方式故意漠視，為受害者認為這種漠視是一種羞辱提供了口實。

並非所有的生活方式都具有人的價值，即使這種生活方式給按這種方式生活的人帶來極大的滿足。以羞辱人當作其構成要件之一的生活方式，就是缺乏人的價值的生活方式。諸如三K黨或光頭黨[6]一類的種族主義群體對其成員而言，或許構成環境群體，但他們因其生活方式主要建立在羞辱他人之上，因而缺乏人的價值。

漠視一個無價值的群體也會為其成員提供感到被羞辱的理由，但這並不是一個好的理由。困擾我們的問題不是此類群體應不應該在有品社會的文化中被表現，而是有品社會是否允許他們存在，但這取決於他們對其受害者構成威脅的性質。如果允許他們存在，接著而來的問題是，是否這樣的群體可以有在文化中的公共存在。他們不應當有公共存在，因為這些群體沒有價值，或者準確而言，他們有負面價值。無價值和負面價值都是免除向該群體提供平台的義務的理由。

有品社會能允許被羞辱者透過以其人之道還治其人之身的方法反擊嗎？換言之，羞辱是有品社會的一種合法的抗議形式嗎？我們的假定是有品社會不一定是文明社會，即我們假定沒有組織的羞辱，但個人和群體在社會中會受到其他個人和群體的貶低。有品社會應當允許被羞辱者自我組織起來反對羞辱者及其同謀嗎？在這裡，我討論的情況並不是「反誹謗聯盟」[7]（其活動是揭露針對某個受害的少數人群體的誹謗和羞辱行為，並予以公開譴責），而是採用羞辱

6光頭黨（Skinhead），源自一九六〇年代英國青年勞工階級的次文化，接著擴大到俄羅斯及歐美地區，「光頭黨」這個名稱就是在於他們剃光頭的髮型。原先沒有政治或種族意圖，大約在一九六〇年代晚期，一些英國北部的光頭黨開始發動對南亞移民的暴力事件。一九七〇年代開始，媒體與大眾漸漸把光頭黨與新納粹主義青年組織畫上等號。

武器促使社會關注他們的困境的組織。問題不在於採取某種自衛來以牙還牙，而是群體是否應當被允許以羞辱其他群體為宗旨，自我組織起來，以作為反建制派抗議行為（例如在有組織的種族主義者饒舌樂團中）。換言之，被剝奪或被羞辱的群體組織起來去羞辱其他群體，這種組織的存在，與有品社會作為一個不羞辱人的社會的特徵是否相匹配？這些非正式組織能算作我們判斷有品社會時要考慮的組織嗎？問題不是羞辱作為一種組織的報復行為是否是適當、有效的回應，而只是這是否使一個社會喪失有品社會的資格？我要描述的是一個反建制派的次群體，使用其組織來羞辱故意貶低某個少數人群體的人的例子，比如在德國有組織的新納粹組織光頭黨，其所屬的社會組織不允許從事羞辱人的行為，但卻存在著個人針對少數人群體的羞辱行為。在這種情況下，這個社會是有品社會嗎？

我在這裡所描述的是體現有品社會特徵的介於二者之間的例子，因為其中涉及的組織儘管存在於該社會之中，也不能被真正地被視為一個社會組織。但既然我們已經把社會組織的範圍拓展到不僅包括基本組織，而且還包括更外圍的組織（如劇院），那麼，對我們而言，不把諸如移民組織的群體算在社會組織範圍之內，似乎稍顯荒唐，即便這些組織在社會中屬於邊緣群體。是以，我的答案是概念上的推定，即我在這裡所描述的例子，會使這樣的社會喪失被視為有品社會的資格。

文化寬容

有品社會通常是多元社會嗎？當然，從它作為一個不包容任何（作為環境群體的）競爭次群體的同質社會的歷史演變看，有品社會實際上會是同質社會。挪威可能是這樣一種社會的典範。但是，任何社會，甚至同質社會，為了成為有品社會，一般（如通過法律）都允許競爭的合法環境次群體存在嗎？禁止合法環境群體存在，就是羞辱那些想組成這類群體的人，因此，有品社會似乎應當是多元的。然而，多元社會有另類選項，即寬容社會。多元社會與寬容社會之間的區別是：雖然寬容社會默許競爭的生活方式，但不認為這種多樣性具有價值。相反，多

7反誹謗聯盟（Anti-Defamation Leagues），著名的猶太組織，成立於一九三一年，以阻止對猶太民族的「誹謗」、確保公正、公平對待所有公民為宗旨。最初目的是保護被誹謗的美國猶太人，現則轉為確保公平公正對待所有美國公民和制止任何歧視、偏見及仇恨，與其他民權組織關係密切。

元社會不僅容忍競爭的生活方式，還把每種生活方式的存在視為重要的價值。對寬容社會而言，寬容是必須付出的、而且值得付出的代價，以避免人類遭受痛苦，而這來自漫長的壓迫競爭生活方式的歷史，其告訴我們這是不寬容的必然結果的痛苦。所以，寬容社會之所以寬鬆是出於審慎而不是原則。對寬容的必要性，我們絕大多數是從宗教戰爭的歷史中領悟出來的。這種歷史給許多歐洲社會上了一堂沉重的課——宗教戰爭代價慘重。因此，宗教寬容作為對現實的妥協形式是必不可少的，它不涉及競爭性群體的生活方式對整個社會是否具有價值。

什麼是競爭性群體？指凡從屬於它的任何人，原則上不能再從屬於另一個同類型的環境群體的環境群體。比如，一個人不能既是天主教徒又是伊斯蘭教徒，這並非僅僅在實際中不可能，如同不可能同時生活在城市和鄉村一樣。而且在原則上也不可能，因為這意味著在某個群體的生活方式中，存在一個明確或暗示的戒律禁止從屬於另一個群體。俄國民粹派[8]（一八七〇年代旨在鼓吹農村生活的社會主義運動）就是認為城市和農村的生活方式是相互競爭的環境群體，但人們一般不以這種方式去認識這兩種生活方式。

多元論是一種立場，賦予競爭性生活方式以價值的立場。作為多元社會的一員，我無論處在哪一元上，都能承認其他競爭性生活方式的價值，即使它不是我希望自己或自己的後代採用的生活方式。把競爭性生活方式與僅僅是互不相容的生活方式相區別很有必要，雖然互不相容的生活方式在同質社會也容易存在。當城市居民和當農民就是兩種互不相容的生活方式，但它們都是競爭性生活方式。信仰宗教和世俗不僅互不相容，也是競爭性的。技術上無法同時採用的生活方式都是互不相容的生活方式，在信仰和價值觀上互相對立的生活方式則屬於競爭性生活方式。世俗和宗教的生活方式不只是技術上的互不相容，而且互相矛盾[9]。多元論並非不能批評其他生活方式，但一個人的批評不能變成對於他人的社會或人性排斥；正好相反，對任何一種競爭性生活方式，你必須不僅為了它的成員、而且為了所有承認它的人的價值。在下一節中，我將再回來討論批評與排斥之間的區別。

有品社會是否必須是多元的？這個懸而未決的問題可以這樣理解：對於有品社會而言，寬容是否足矣？或是它還必須是多元的？

如果理解正確，寬容社會足以保證社會組織不羞辱人。換言之，寬容足以使該社會成為有

8 俄國民粹派（Russian Narodniks），俄國小資產階級政治派別，自稱是人民的精粹，故有民粹派之稱。

9 Joseph Raz, "Free Expression and Personal Identification," in Raz, *Ethics in the Public Domain* (Oxford: Clarendon, 1994), pp.131-154; Raz, "Multiculturalism: A Liberal Perspective," ibid., pp. 155-176.（原註）

品社會。從這個意義上講，並不需要該社會必須也是多元的。然而，我們還不確定寬容能否足以確保某個社會是文明社會。在社會成員之間的關係層面上，寬容也許不足以保證，關鍵在於寬容的性質，因為寬容可能是漠視的結果。你認為自己屬於某種生活方式，你意識到存在著一個競爭性的生活方式，但你不賦予其任何價值，你對自己說，如果那種生活方式的追隨者採用了我們的生活方式也許會更好，但你卻對此並不很在意，你根本不關心其他生活方式及其追隨者。簡言之，你漠視他們。你的態度中不攙雜任何情感：「如果這是他們想要的，就讓他們這樣生活吧！」

然而，還有一種寬容——社會寬容，即承認社會組織必須是寬容的，但應允許在個人層面對其他生活方式抱有敵意，這些生活方式可以被視為錯誤的，甚至可以被視為罪惡的。這樣一種社會是可能的，而且根據當下對這個概念的理解，它甚至會是一個有品社會。然而，它卻是一個不可信的社會。這是因為，在社會組織中擔任一定職務的人，如果他們敵視競爭性生活方式，會在履行其組織機構的職責時，表達出他們羞辱人的態度。換言之，體現在其規則中的社會組織的抽象態度或許是有品的，所有合法的生活方式都被允許，但在這些組織的代表的實際行為之中，寬容肯定會消失不見。

批評對上排斥

有品社會的基礎原則之一是：可以包容具有競爭性、且不僅是互不相容的生活方式的環境群體。

一種生活方式的一個基本要素也許是它對其他生活方式的否定。世俗的生活方式從根本上拒絕宗教的生活方式，宗教的生活方式更拒絕世俗的生活方式。問題是什麼時候這種拒絕僅僅是嚴厲的批評，什麼時候這種拒絕是羞辱人的排斥。世俗主義者也許會認同宗教生活方式的價值，相信它對精神生活、家庭生活、社會責任、應對危機的能力等等具有重要作用。與此同時，世俗主義者不贊成宗教生活方式所具有的歷史和超自然的信仰，特別是它所認為的個人生活中權威的來源。此外，世俗主義者會認為宗教生活根基於迷信、偏見和幻想，這類人認為自己對宗教生活方式持批評甚至是激進的批評立場，但他們通常不認為自己的立場具有羞辱的意圖。然而，他們的另一面（指宗教）卻不是這樣看待他們，從屬宗教生活方式的人把世俗主義者看作是褻瀆者而不是批評者。倘若世俗主義者使用諷刺作品的手段，我敢打賭被諷刺的對象一定會認為他們被貶低了，是嘲笑和厭惡他們。對一個人的批評會算成對另一個人的羞辱。

多元社會由於鼓勵競爭性生活方式，很容易處於一種批評和排斥之間的緊張狀態。一個弱勢群體，如果在歷史上曾被羞辱並對其環境不信任，特別是對主流文化不信任的，必然會把任何一種批評理解為羞辱。同質的生活方式也許能夠不在乎這類外圍的生活方式，並不將其視為一種威脅，所以無意去批評它。主流文化甚至會認為其他文化太邊緣，以至於不值得去批評。但是，這種無視必定被過於敏感的弱勢群體誤認為是恥辱。邊緣群體甚至一想到主流群體從來沒有停止這樣認為，而且它的無視是故意的而非漠不關心。所有這些都屬於歷史上曾被傷害，因此才對現時過於敏感的環境次群體的傷痕心態。

然而，誰來決定哪些是可允許的批評，哪些是應當反對的羞辱？似乎存在著自明原則：批評是你願意向其他人提出，而如果當別人向你提出時，你也願意接受的事物；羞辱是你向別人表達，而覺得如果當別人以此針對你時，你會認為是羞辱的事物。但是，對於弱勢群體而言，上述這原則彷彿是讓他們參加一場羽量級拳手與重量級拳手進行的拳擊比賽，並承諾重量級拳手不僅會用拳猛擊他的對手，而且還願意接受反擊。該社會中的弱勢群體往往是這個意義上的羽量級拳手，社會的重量級群體打在他們臉上的拳頭，肯定會將他們打倒在地，甚至以把他們排除出整個社會而告終。

與此同時，也有人不贊成由弱勢、少數人群體來決定什麼是羞辱。為什麼會出現這種情況，我已經暗示過，歷史上受迫害的少數人群體往往患有羞辱和汙辱的文化偏執，他們在以獨立的眼光、甚至同情該少數人群體的局外觀察者，所無法看到汙辱和羞辱的地方尋找羞辱。這一群體受傷的神經必定非常敏感，以至於甚至是恭維都會被誤認為是羞辱。在文化不信任的環境之下，恭維也可以被視為居高臨下施恩予人的態度。

對上面的觀點，也有相反的觀點認為：歷史上遭受過迫害和羞辱的群體面對羞辱時會形成「厚臉皮」。這兩種觀點都有一定道理，因為經歷這種歷史的群體必然會採取這兩種態度其中之一，或兩種態度兼而取之，或者在兩者之間不斷變化。有鑑於這種情緒不定，我們是否能夠把什麼算作羞辱的決定權交給這些弱勢群體？我堅持認為，必須假定有品社會會偏向弱勢少數群體，理解針對他們的姿態的羞辱性質。有人會反對這個假定，提出相反的論據，認為比如在一般狀況下詮釋為羞辱人似乎不合情理。就社會偏向弱勢群體的理解來說，其合理性解釋取決於一種道德必需，即理解誤差的天平應向弱者傾斜。

讓我用無罪推定的理念來解釋這個問題。根據無罪推定的理念，一個人在被證明有罪前都是無辜的，但我們卻不能以絕大多數人在被法院判決前都是無罪的統計數據來合理化無罪推定，因為極有可能並非如此。這種合理化解釋是道德上的，其目的是減少法院的錯判以維護無辜者的利益。這目的被表達為：寧願讓五個罪犯逍遙法外，也不能將一個無辜者關進牢房。在這裡，我們對錯誤應向哪個方向發展抱有一種偏向，認為一個可以導致無辜者受懲罰的錯誤，似乎比讓一個罪犯逍遙法外更加糟糕。依此類推，對於有利於弱勢群體對羞辱的理解的推定，其合理性在於錯誤可以向他們一方傾斜。因此，弱勢群體的詮釋只要沒有人反駁就都應當被接受[10]。

數年以前，在賓夕法尼亞大學，一個白人學生給一個黑人女性起了個「水牛」的綽號，這名女性屬於黑人女學生聯誼會成員，原因是前一天的深夜她在某宿舍外面發出巨大的噪音。這事件被鬧大了，因為該名黑人女性和她的朋友把這事件理解為種族主義的言行，儘管那名白人學生堅決否認在表達有關話語時存在任何種族主義意圖。黑人一方提出的論據之一是：水牛產自非洲而且也是黑色皮膚（其實水牛是棕色且產自亞洲，但畢竟誰能知道呢？），因此這句話帶有種族主義色彩。賓夕法尼亞大學的律師認為，對這句話的解釋權在於講話人所指的對象，故而種族主義的理解成立。這並不是我在這裡鼓吹的立場，我的觀點僅是推定有向黑人學生傾斜。

有利於弱勢群體的救濟原則必須與另一個原則相平衡，即是凡在家庭中（群體內）視為批評而不視為羞辱的，如果來自群體外部也應一視同仁。對於發生在群體內與來自群體外的表達，即使一模一樣，在脈絡和意圖上也肯定不同。在群體內以一種寬容的自嘲口吻提出的幽默批評，如果來自群體外部，即使其內容完全一致，也會是純粹的羞辱表現。儘管如此，我們必須堅持這樣的原則，即社會無權歧視某一方，無權認定某些東西如果來自內部就應視為批評，而來自外部則屬於羞辱。批評永遠是批評。

如果我的討論給人得出的印象是，羞辱純粹是口頭的，那麼需要予以糾正。我一直使用「表達」這個詞，其目的就是要避免這種誤導，因為表達既可以是口頭的也可以是非口頭的，畢竟非口頭表達也經常用來羞辱人。納粹迫使當時在柏林的外來移民行納粹禮，比口頭對其侮辱更為惡毒，就如同在他們的墓碑上刻上納粹的卍字標記。

10 Edna Ullmann-Margalit, "On Presumption," *Journal of Philosophy* 3 (1983): 143-163; Ullmann-Margalit, "Some Presumptions," in Leigh S. Cauman et al., eds., *How Many Questions? Essays in Honor of Sidney Morgenbesser* (Indianapolis: Hackett, 1983).（原註）

但這還不夠。有品社會的文化必須不僅包括社會可獲得的所有表達手段，也要包括它的物質文化，即浪漫主義二分法中與「文化」相對應的所謂的「文明」。在我們的討論中，文化也包括物質文化。一個有品社會的物質文化應當是怎樣的，是重要的問題。一個社會的技術能力，是確定在該社會中什麼是羞辱的重要事項。我不僅指與實物相關的身分符號，如指某個名牌而不是指其他品牌的小汽車。人造物品確實可以作為交流思想的行為，藉著使用什麼在「裡面」和什麼在「外面」，來表示哪些屬於和哪些不屬於。但是，在文化交流思想的特徵之外，還存在另一個羞辱的概念，即缺乏技術的文明所特有的某種控制。舉例來說，讓我們來看看對殘障人士的照顧。在某些社會中，人們很注意為殘障人士提供特殊的安排，以便使他們在很大程度上能獨立行動。而在另外某些社會中，殘障人士則只能仰賴別人的善意，因此仍然受到羞辱。這種情況即使在能夠保證殘障人士一定程度自由的物質手段存在時也依然會發生。當一個社會可以提供這些手段但卻未能盡力將它們提供給殘障人士時，這個社會正是在羞辱他們。

停車場內設置專用的停車位並不是一種汙名，不應當被視為羞辱的標誌，而應看作是照顧的標誌。因為殘障人士專用車位的標記被用來表示提高他們控制其活動的能力，並因此提高著他們自我生活的能力。所以，張貼這些標記旨在增強他們，而不是為了羞辱他們。僅僅把某個群體或某個人挑選出來並不是羞辱，但如果以疏遠和壓制為目的就是羞辱（如同讓猶太人佩戴黃色的星標記一樣），殘障人士專用停車標記由於旨在實現相反的目的而受到歡迎。

IV

考驗社會組織

11 勢利

勢利社會（snobbish society）是有品社會嗎？這裡有個簡單的答覆：如果勢利社會羞辱人，就不是有品社會；反之如果不羞辱人，就應被視為有品社會。然而，這答覆並不能說明什麼。我們想知道的是，勢利社會從本質上講是否是羞辱人的社會，或者更確切地講，在勢利和羞辱二者之間是否存在著概念上的關聯。我們習慣於把勢利作為可以原諒、司空見慣，甚至是可愛的小毛病，是英國喜劇中常見的情節——憔悴的老婦人手裡端著骨瓷茶杯，嘴裡嘟囔著髒話詛咒某個令人討厭、野心勃勃卻不幸「太平凡」的年輕人。這種小毛病既不太美也不太可怕。由於勢利基於與無關緊要的社會潛規則相關的社交場合中言語或行為不得體，我們傾向於從整體上將這種現象視為無關緊要。但是，許多無關緊要的步驟積累卻可以有重要的結果，勢利也是這樣。伊夫林．沃[1]表現出勢利的威脅——把人物刻畫成詭計多端的、愚蠢的、惡毒的勢利小人，而不是英國喜劇中可憐的、荒誕的勢利者。

我們所討論的問題是組織的勢利。這個問題的實質可以用下面這個問題來提問，即這是一個羞辱問題還只是一個令人困窘的人或事？我對難為情看得很重，許多人在他們的生活中走出的關鍵一步，有的僅僅是為了避免難為情。辛克萊·路易斯[2]筆下的巴比特娶一位女子，原因僅僅在於拒絕她會使自己非常難為情。此外，難為情不是羞辱，一個人可以故意使別人難為情，但不羞辱他。他所做的只是創造一個使人不悅的情境，使他人產生一種明顯的不知所措的感覺。難為情可能會減損自豪，但不會傷及自尊。所以，問題在於勢利是否僅僅建立在使那些處在不適當的情況或環境的人難為情之上？或者它是否也羞辱人？勢利在社會中必然會成為榮譽分配的政治聯盟，這種分配可能是不正義的，但也不是羞辱人的。因此，在我們現在的脈絡之下，勢利的不正確之處不是勢利和勢利小人的行為被認為是可恥、可悲或完全錯誤的這種一般問題。勢利的不當之處有許多[3]。但我們的問題只集中在一點上，即勢利羞辱人嗎？

勢利涉及一些知名人士——把自己與知名人士聯繫起來，並與無名小卒脫離關係。一個人可以以輝煌的成就使自己出名，但如果天生就有名會更好。勢利社會就是一個可以把社會的成就導向異化為從屬導向，勢利的基礎是藉著持續不斷苦心經營而形成的從屬某個小集團的標記，從而使其他人始終被排除在具有某種特殊的重要性或價值的社會之外。從屬標記只能透過直接相識來獲得，不可以遠距離地表現，正是這一點使得沒有入圍潛規則制定者圈子的局外人很難進入該社會。顯著的成就可以穿透勢利社會的盔甲，但事情的關鍵並不是成就，而是這些成就所形成的名譽。不能獲得從屬標誌的局外人在待人處世時會非常尷尬、難為情——特別是使自己難為情。他們被圈內人無情地擊敗，敗倒在圈內人放置在他們前進道路上的絆腳石前，他們很難跨入勢利社會。局外人碰到的溜到底部的滑梯比讓人登高的梯子要多，這種令人討厭的從頭再來（指碰到滑梯後便前功盡棄）並不是沒有傷害的，實際上非常傷人。

組織性勢利可以表現為，比如像是某個持有專門密碼的人才能進入的有名望的俱樂部，也會表現被邀請參加某項重大的組織活動。希望進入這些地方的人如果不在被邀請人之中，或者至少不被考慮邀請之列，會感到自己受到侮辱和難堪。然而，所有這些都是與社會榮譽（作為

1伊夫林．沃（Evelyn Waugh, 1903-1966），英國作家。

2辛克萊．路易斯（Sinclair Lewis, 1885-1951），美國小說家、劇作家，在一九三〇年獲諾貝爾文學獎，是第一個獲得該獎項的美國人。他的作品深刻而批判性地描述美國社會和資本主義價值，代表作有《大街》和《巴比特》等。

3參見 Judith Shklar 在其著作 *Ordinary Vices* 的 "What Is Wrong with Snobbery?" 一章中有見地的論述。（原註）

它的回報）相關的社會遊戲，它們可以把你排除小圈圈，但無法將你排除出人類共同體。即使這樣，勢利社會仍可以在社會作為一個整體按這種方式行事時，為完全排斥制定潛規則。簡言之，一個普通的勢利社會自身不會羞辱人，但在社會和文化的整體情境下，它必定會構成並鼓勵羞辱，不僅是個人的羞辱而且是組織的羞辱。

現在讓我們來討論反對的觀點，這樣就可以清楚地說明勢利社會的歷史和社會作用，以及有品社會概念中最重要的尊重和羞辱概念的形成。在這裡，我對勢利持贊成態度，或者至少替它辯護。我認為它是一種不得已，因此不應受到譴責。

諾伯特．伊萊雅斯[4]提到，現代人是由一系列細微的變化，經過長期積累發生一次劇變後而形成的[5]。這些量變涉及挑剔和恥辱概念，而且自文藝復興以來它們已經變得非常關鍵。它們體現在飲食習慣、穿著，及髮型，特別是對身體及其分泌物的嚴格控制等方面。其中，某些變化表現為私人親密空間（如臥室、廁所，和浴室）的創建。這些變化形成了「私我」（private self）的概念，而私我正是我們努力保護使其免受羞辱的對象。變化過程中的每一個步驟都似乎微不足道，然而積累的結果則影響深遠。在中世紀，人們隨地吐痰，後來發展到用腳踩踏抹去吐在地上的痰，再後來又開始使用痰盂，到最後現在於公共場合吐痰會招致眾人蹙眉而露出不悅之色。在文明社會裡，被人抓到吐痰行為必定會感到羞愧和難為情。同樣，人們過去通常用衣袖擦拭鼻涕，後來改用左手，隨後只用兩根手指，最後改用手帕。變化的每一步都是很小的，但其結果卻控制了人的分泌物，成為了開創公共和私人空間的前奏。作為對身體的「資本主義控制」前奏的身體控制習慣，其創造者並不是中產階級。這些習慣的來源出自勢利的皇家宮廷（及其附屬——貴族的家庭），而試圖進入高層社會的高級中產階級（upper-middle class）仔細效仿著它的禮貌，低級中產階級（lower-middle class）也準備模仿這些禮貌，最終流到了工人階級中希望向社會上層流動的成員。禮貌的社會功能自始至終都在創造社會差別。

無須對「隱性功能」做複雜的推定，問題非常清楚，可以透過用叉子進食的歷史來說明。禮節的發明是用來區別人、並在人之間製造障礙，但它也同時創造了社會空間的概念和私人空間的範圍。達官貴人在他們的浴室裡當著僕人的面前赤身裸體而不感到難為情，是因為僕人的眼睛不算數；而如今如果讓一個陌生人看見我們的床沒有整理，我們便會很難為情。臥室已經變為個人的私人殿堂，把空間劃分為公共和私人兩類，就如同把身體劃入可以讓人看到和必須

4 諾伯特．伊萊雅斯（Norbert Elias, 1897-1990），德國著名社會學家。

5 Norbert Elias, *Uber den Prozess der Zivilisation*, 2 vols., 2nd ed. (Frankfurt: Suhrkamp, 1976).（原註）

掩蓋起來的兩個部分一樣，對於根據隱私概念而創立的私人個體具有極其重要的意義。所有這些不全是伊萊雅斯的言論，但都是根據他的觀點理解的。禮儀是勢利者的工具。勢利者把禮節提升到倫理的層次。如前所及，禮儀的目的在於把人排除出過分講究挑剔的大人物社會。然而，即使這是它的目的，而且勢利者也清楚這一點，歷史演變的結果也對隱私概念的發展產生了決定性的促進作用，催生出私人個體概念。最終，這些概念形成了尊嚴的現代概念和羞辱的現代概念的基礎。

過分講究的禮儀確實是勢利者的慣用工具，但不是他們所獨有的。老派人（old-timer）的勢利性也許表現為一種不太講究、隨便的禮儀，但具有明顯的疏遠陌生人的傾向；而陌生人作為新來者沒有資格享有老派人的不太講究、誠心的親近。

上面這個觀點，其概念上的重要性部分地反映為：它指向與微不足道的概念有關的合成謬論（fallacy of composition）。每個新禮儀的引入本身都是微不足道的，而且也是隨意的，但它們所累積的社會變化卻具有深遠影響。在數學領域，雖然每個完整的證明都是由一個個基於唯一一個推論規則之上的步驟所構成，因此是微不足道的，但整個證明可能會非常深奧。正如我所提到，我們不應該被勢利社會所基於的微不足道所誤導而忽略的重要意義——它為私人和公共（榮譽與羞辱）的現代概念形成創造了社會基礎。但為了回到我們討論的中心點，伊萊雅斯的歷史描述我們即便接受，也不能用來證明當下某個勢利社會是一個旨在排斥的講究禮儀社會。此類社會，雖然對於有品社會概念的形成曾經至關重要，現在也不再需要了。

博愛

在自由、平等、博愛三者中，博愛是最後一個成員。它的詞義很難解釋，而且也很難把它轉變成確切的社會思想，其原因很大程度上在於以下事實所產生的結果：博愛是其他兩個價值觀的部分背景，由於社會是建立在人的友情連結之上，它本身並沒有清晰的背景。博愛關係的模式，顧名思義，就是兄弟的手足之情，這是一種無條件的從屬關係。當然，這種概念的家庭連結困難之處在於可以作為互不相識的群眾社會的基礎。對博愛的懷疑論觀念相似於對愛默生[6]提出的，所有人類都是他人的情人這觀點的懷疑論。

6 愛默生（Ralph Waldo Emerson, 1803-1882），美國作家、哲學家和美國超越主義的中心人物。

環境群體的觀點假定：即使對不熟悉的人，只要他被認同為從屬於該環境群體，人都可以有一種博愛感。猶太人把他們自己看作是從屬於同一個擴大的家庭。第一國際的社會主義者相信，同命相連的工人們團結起來，只要能在工人中培養出階級覺悟，就一定會強於對其他環境群體（例如宗教或民族）的歸屬感。但是，博愛也有學生聯誼會這種通俗版本，它有別於共生死的戰士之間的同袍之情，只是曾經共同擁有美好時光的好友之誼。同袍之情可以帶來溫暖和親密，但往往與其交織在一起的是，對還沒有建立這種關係的人所進行的羞辱，經常以加入學生會的代價、以讓人受折磨的入會儀式的形式出現。

許多入會儀式會包括羞辱人的成分，這是很有趣的現象。寄宿學校的新生、精銳部隊的新兵、學生聯誼會的新學生等等，都會遇到這種情況。在這些場合中，被羞辱的對象不僅有處在社會邊緣地位的人，也有處在過渡性社會地位的人，即向上一層社會流動過程中處在兩個社會階層過渡階段的人。這些羞辱人的儀式旨在告訴你：在履行折磨你的入會儀式之前，你不配成為聯誼會的一員。

在有品社會中，（特權）組織裡是否存在公開羞辱當作入會儀式呢？志願精銳部隊中對新兵的貶低，是否與知情同意的成年人（我們沒有把這些人排除出有品社會）之間的ＳＭ關係相同？實際上，羞辱新加入的個人不同於排除邊緣人，主要原因在於羞辱新加入者是暫時的現象，只限於加入階段，而且在發生過程中，是一種使人不舒服的羞辱形式。此外，還是一種帶有組織味道的羞辱。這種組織的羞辱是此類組織內部制度性意義上的，而不是以社會組織名義做出的。ＳＭ者之間的羞辱性關係與文明社會格格不入，但我們這裡討論的是由組織作為代理人做出的羞辱。有品社會不允許對新加入者的羞辱，即使把它視為在博愛過程中暫時性的恐嚇。羞辱就是羞辱，博愛不能以羞辱為代價來獲得。

身體徵象

身體徵象在人的身分認同及其與環境群體的身分識別中起著關鍵作用。為什麼羞辱經常指向身體特徵和衣著？這個問題不難理解，就是為了要攻擊個人特質認同的重要成分。一個人的髮型、鼻子與顴骨之間的搭配，以及眼睛的形狀，都可以作為驕傲和恥辱的來源。羞辱往往表現為針對身體徵象的汙辱行為，被視為身體「自然拓展」的衣著也是羞辱的指向目標。

勢利和低俗社會對身體特徵和衣著有著各自特殊的反應。如果軍隊要求其新徵召入伍的士兵一律剃平頭，而某個新兵的生活方式中包括留長髮，那麼便會出現兩種生活方式之間的碰撞，組織對剪髮的要求會被理解為不僅是強迫而且是羞辱。倘若某個人的宗教信仰中有明確的剪髮忌諱（如印度錫克教的士兵），他就會將剃平頭的要求理解為貶低人的行為。但是，對一個從屬於留長髮具有社會意義的搖滾群體或搖滾文化的年輕人來說，面對軍隊剃平頭的紀律也認為自己被羞辱是合理的嗎？有人也許假定搖滾愛好者如果剃掉他那頭上的長髮，會招致好友的強烈反對，在新兵休假時會嘲弄他，但剃頭的要求本身不羞辱人。此外，以其長髮作為身體表現，搖滾群體或左翼分子的生活風格彰顯著非布爾喬亞的生活方式，因而德國軍隊在一九六〇年代承認這種生活方式是值得尊重的，不再要求新兵剃髮。

有品社會用什麼方式對待合法生活方式中可以識別身分的身體徵象，取決於這種生活方式賦予該身分識別標誌的含義。我們正在研究的組織，它的社會甚至會在其成員的身體徵象中具有自己的利益，它是一種可能會直接與社會中各環境群體的生活方式發生劇烈衝突的利益。決定社會基本組織行為的主流文化，會積極展現「現代性」、秩序和效率的身體徵象。彼得大帝蓄著沙俄時期標誌特權貴族的鬍鬚，他便用剃掉鬍鬚來表明沙俄已經與其傳統告別，進入了一個新的西方時代。凱末爾[7]也曾有過相似的舉動，要求他的軍官穿上歐洲的服裝。巴黎郊區有位穆斯林女孩頭戴傳統頭飾去上學，她的服裝與學校的校規發生了衝突，於是不僅被視為對主流生活方式的挑戰，而且女孩所著服裝的宗教含義也被視為企圖抗拒宗教與教育分離的制度，這一事件使得這種反差異常顯著。

在我們關於身體徵象的討論中，有一個新的因素值得提及：環境群體之間生活方式的競爭，是討論寬容或多元社會的背景。但是，我們現在的討論中所涉及的這種競爭，是社會作為一個整體與社會內部次群體的競爭。那麼對這種新的背景是否需要確定一個新的原則？有人發難說，這個問題的本身就建立在錯誤之上。社會作為一個整體會與社會中某個少數人群體發生衝突，這種推定本身就是誤導。這種衝突並不是社會作為一個整體與某個少數人群體之間的衝突，而是社會主流群體（其渴望作為整個社會的代言人）與社會中某個少數人群體之間的衝突。

除了對衝突進行正確描述外，寬容的原則在我們現在的討論中也很重要，特別是當我們專門研究身體及其服飾時。在這個問題上，軍隊是特例。我的觀點的論據是功能性的。軍隊的紀

---

7 凱末爾．阿塔圖克（Kemal Atatürk, 1881-1938），土耳其軍事將領、改革家和作家，土耳其共和國第一任總統、總理，及國民議會議長，被視為現代土耳其國父。

律要求生活方式必須高度統一，因此，對這種統一性存在著許多合理性解釋，必須有相當充足的理由才能違反，比如會損害宗教自由（例如印度錫克教士兵留長髮的情況）。這與搖滾文化長髮的情況有所不同。這兩種情況的區別在於：在搖滾文化中，留某種特定的髮型代表時尚而非原則問題，今天是長髮明天可以是短髮，頭髮（或者光頭）對搖滾文化很重要，但具體的髮型可以改變；而在宗教戒律中，特定不變的髮型是義務，改變髮型就要受到懲罰。

給予軍隊的例外，其合理性解釋是純功能性的。作為身分認同和身分識別的象徵，軍裝的象徵功能也未能逃脫選擇其他生活方式的人的反對。換言之，如果由於表示社會統一的非功能原因而選擇軍人裝扮，便是軍閥社會的行為。因此，當情境從軍隊轉向學校時，制服就不像在軍隊中那樣具有功能上的合理性解釋。在學校中，強迫準軍事化的身體徵象缺乏合理性，學校的寬容原則不容踐踏。根據我對有品社會所遵循的寬容原則的理解，那位居住在巴黎郊區的穆斯林女孩身穿傳統服飾的要求不應當遭到拒絕。

然而，我們還必須對此情況加以註解，這適用於有統一服裝要求的學校。學校要求統一服裝，其目的原本在於把統一服裝作為有價值的手段，以實現學生間平等和消滅階級或出身差別的目的。通常情況下，移民的子女是統一服裝規則的主要受益人；但如果學校沒有規定統一服裝，那麼對上述那個女孩子的著裝限制便沒有合理解釋。

12 隱私

在有品社會中，組織不得侵犯個人隱私。侵犯個人隱私與羞辱兩者緊密相關，尤其在侵犯是組織行為的情況下。當然，個人之間也存在侵犯個人隱私的現象，從窺視到惡意的流言蜚語，但這類侵犯更多涉及是否是文明社會的問題，對是否是有品社會的問題關係較小。我在後面將把流言社會（gossip society）與極權社會（totalitarian society）二者侵犯個人隱私的性質相比較。保護隱私的要求也許不僅來自個人，也來自組織和企業，它們是希望保護與其存在利害關係的訊息不被公開。我們在這裡只研究個人隱私，不討論組織的保密。

公共領域及私人領域之間的確定劃分與有品概念有直接的概念關聯。把屬於個人領域的行為或物品暴露在眾目睽睽之下，不是一種有品的行為。英國倫敦的漢普斯特德荒野（Hampstead Heath）內，倫敦市民在明媚的陽光下裸露著身體享受日光浴，其中有兩名女性，一位只穿著內衣白色胸罩和內褲，另一位身著比基尼。我聽見身旁一位年長英國女性對此十分氣憤地驚呼，女人脫得只穿內衣是多麼的不合宜有品。

「可那位穿比基尼的女士呢？」我問她。

「這是兩回事，」她回答說，「內衣是隱私。」

這個故事告訴我們，私人領域和公共領域的範圍如何劃分，這個問題取決於文化。那位年長英國女性在她年輕時就學會了忍受丟臉的行為——在公園裡脫光，但她沒有學會忍受把內衣暴露在他人目光之下，因為內衣與私處很接近。私人領域和公共領域的界限取決於文化和歷史。不僅文化和社會階級之間，而且同一文化於不同歷史時期中，私人領域的界限都不相同。儘管私人領域的界限不斷變化，但以避開眾人目光和向眾人開放來劃分領域的方法本身卻並不取決於社會或文化。這是一種超越所有文化的區別。雖然每種文化中都有私人領域，但卻沒有所有文化都共有的一種私人領域。私人領域有的非常狹窄（不公開進行性行為、不公開大小便，或遮掩私處等），但總是在那裡。

每種文化都劃分區別公共和私人領域，這觀點屬於經驗性的推定而非概念上的主張。我相信這推定，我的相信來自對社會的人類學研究，它認為生活條件限制會使私人領域很難得到保障，比如愛斯基摩人的拱形圓頂冰屋（主要是用冰磚砌成的圓頂冬季住宅）。在冬季暴風雪時期中，每個人都在封閉的拱形圓頂冰屋中生活，以至於甚至大小便都必須在這種封閉空間中完成。但有一個令人難忘的現象是：儘管如此，他們卻仍能在這樣的條件下維持一個私人地帶。愛斯基摩人特別羞於暴露他們的私處，他們在做愛時保持沉默，大小便時注意遮掩。他們從不外露對其他人的看法和感情，也拒絕回答個人問題[1]。

隱私和性之間存在著密切聯繫，也因為如此，在我們的文化中，性被視為最主要的私人地帶。這說明了為什麼胡士托搖滾音樂節作為反文化的表現，挑戰了不公開發生性關係這個我們文化的基本前提。性和隱私之間的聯繫不是概念的而是歷史的，它的重要性在於我們從性行為而不是從其他方式中懂得了隱私。性和隱私之間、隱私和低調不張揚之間的聯繫非常緊密，以至於我們通常都是通過從性方面的例子來討論隱私。然而，在我們的討論中，隱私包括不僅僅（甚至主要）局限於性方面的活動地帶。儘管如此，性方面為討論隱私提供了範例。

什麼是侵犯隱私的羞辱，這是我們討論的關鍵問題。這不是一般講侵犯隱私有什麼不好，而是這方面的羞辱是什麼。讓我們重溫一下羞辱的兩個核心內容。第一個是排斥，把人排除出「人類家庭」；第二個是對自我控制的否定。喪失自我控制的羞辱概念，是以摧毀人的自主性來貶低人的操作概念。侵犯隱私應當被視為同時具有這兩種意義的羞辱，但第二個動機更為直接，我因此先討論它。

私人領域被定義為個人控制其利益的最小範圍。侵犯隱私就是違背個人意志，限制他對應屬於他的控制範圍的控制。一個允許組織對私人領域進行監控（如利用竊聽、信件檢查或其他偵查活動）的社會，就是在做許多使人羞恥的事情，其中之一（但不是唯一的）就是羞辱。

這裡必須提出一個問題，是否每一次系統地侵犯隱私都構成羞辱？極權社會和流言社會這兩類社會，各自以兩種不同的方式來侵犯個人隱私。流言社會利用流言蜚語來實行「社會監督」，此類社會對個人隱私的侵犯即使是羞辱人的，也不構成組織的羞辱，除非我們把報紙上的八卦專欄也視為組織。所以，它關係到文明社會而不是有品社會。在文明社會與有品社會之間進行對比，其目的在於明確極權組織在哪些方面侵犯隱私以使其極其羞辱人，從而使極權社會成為惡名昭著的羞辱人的社會。

---

1 Jean L. Briggs, *Never in Anger: Portrait of an Eskimo Family* (Cambridge, Mass.: Harvard University Press, 1970); Barrington Moore, Jr., *Privacy: Studies in Social and Cultural History* (New York: M. E. Sharpe, 1984), pp. 4-14.（原註）

在極權政治制度中，侵犯隱私的目的不僅是發現針對政治制度的謀反陰謀，還帶有收集那些一旦公開會造成受害者感到難為情、恥辱或者被羞辱的訊息的目的，以便使用這些訊息進行敲詐。於是，羞辱的結果以下面兩種形式之一出現：一種是如果這些個人訊息一旦被披露，會損壞受害者的名譽，導致他被排除出社會；另一種就是受害者會被迫妥協，以犧牲其誠信為代價屈服於政治體制，以阻止其披露該訊息。至此，受害者不得已會背棄他的原則，比如告發同謀。在我們的描述中，侵犯隱私並不是一種旨在羞辱受害者的侵犯行為。但是，侵犯隱私是一個可以用來為其他羞辱手段服務的有效、有力的工具。

另外一種觀點受到米歇爾·傅柯[2]的影響，認為侵犯隱私具有常規的監控功能，引導社會成員的行為標準化並將偏差轉為反常。旨在發現偏差的侵犯隱私，帶有排斥偏差的目的。羞辱的方式為把偏差者變為不能滿足正常人類標準的反常人，因此不能被看作是人，所以，要把偏差者排除出人類。與其相關的一個觀點是：通過監視（用一種看不見的眼睛的手段）規範人的行為，其功能是現代社會的標誌之一。社會的極權組織，如監獄和精神病院，都是將偏差者排除出人類社會的常規監控這一發展趨勢的原型。

流言蜚語會產生從屬和親密，反過來又會引發汙衊。一個親密的傳統社會內部，流言蜚語即使是明示的，也肯定是其受害者的人性弱點。傳統的流言蜚語是民主的，它創造了受難者的民主：「不要過高地估計自己，我知道你的弱點，有大的、有小的。」在傳統的流言社會中，侵犯隱私的目的並不在於把人排除出社會，談不上把人排除出人類；相反的，在一定程度上侵犯隱私的流言蜚語卻創造了一種強烈的歸屬感。在當代的極權社會，做人的標準是「新人」榜樣，這個榜樣由作為該政治制度基礎的極權意識形態來規定；而親密和對人性弱點的接受則存在於傳統的流言社會之中。

在流言社會中，大量的侵犯隱私主要影響富人和名人。名人在這種社會中往往用高牆深宅和保鏢來保護自己，只有狗仔隊攝影記者用高倍長焦照相機才能讓人看到名人們逼真的大腹便便和禿頂等醜態。這種社會的典型受害者是有權勢的名人。但即使這種社會也存在人的尊嚴，而且在有品社會中，他們能夠並且應該被允許維護他們的尊嚴。然而，問題是流言蜚語是否把名人放在基本上是普通人的位置上？這可能會汙辱他們，但沒有羞辱他們；或者是否實際地使他們被看作是非人？流言蜚語僅僅影響名人的公眾形象嗎？它也影響他們的自我形象嗎？直接

---

2 米歇爾．傅柯（Michel Foucault, 1926-1984），法國哲學家和思想史學家、社會理論家、文學評論家、性學家，他對文學評論及其理論、哲學、批評理論、歷史學、科學史、批評教育學和知識社會學有很大的影響。

的回答是，這取決於流言蜚語的種類。海因利希·伯爾[3]在其小說《喪失了名譽的卡塔琳娜·布倫姆》中，試圖表現一個普通人是如何被媒體對其隱私的侵犯而使她轉變成為非人。卡塔琳娜·布倫姆並不僅僅是一個典型的實例，而是現實的縮影。然而，很明顯，如果沒有權力和名譽的保護，侵犯一個人的隱私可以損毀她的自尊。

羞辱和侵犯隱私之間的關聯可以從以下三個不同但相關的問題中體現出來：一、侵犯隱私可以當作一種極端的羞辱形式，隱私被侵犯的人表現為他們對其生活缺乏最起碼的控制；二、侵犯隱私可以用來表示受害者是否能夠控制其生活均沒有意義；三、侵犯隱私會導致人失去對其生活的控制。我主要關注在失去控制意義上的侵犯隱私和羞辱之間的因果關係，但羞辱並不一定要求具有這種因果關聯，它能表示失去控制就足夠。

隱私地帶具有文化決定性質，即它的範圍因不同文化在不同地點而有所差異。然而，無論範圍大小，宣布私人領域本身就明顯意味著它是受個人控制的最小範圍。侵入私人領域會成為對控制的有效限制；或者會被用來向個人顯示，即使對他很有限的領域，他也已失去了控制；或者可以視為表示他是否能夠控制均沒有意義。因此，侵犯隱私與羞辱的三個重要含義之一——喪失最基本控制——緊密關聯。

作為不羞辱人的社會，有品社會在社會的基本的組織層面不侵犯個人的隱私。

親密

有些時候，如果親密是友誼的構成要件，侵犯隱私就會給親密帶來致命打擊。摧毀友誼意味著摧毀人的生活中，除從屬家庭的關係之外最重要的從屬關係。羞辱就是把人排除出一個建立在重要的從屬關係之上的群體。在這裡，羞辱不是排斥，而是摧毀（至少是嚴重地損傷）形成最重要的從屬關係的可能性。

必須區別不同的友誼概念：一種友誼建立在患難時刻人之間互相依賴的能力之上，這種基於依賴的友誼具有武士群體的特徵，它維繫在戰鬥單位的老兵之間（「我可以把他在半夜裡叫來，而他則連問都不問原因即刻趕來」）；另一種友誼建立在共享的親密之上，構成這種友誼

3 海因利希．伯爾（Heinrich Böll, 1917-1985），德國作家，一九七二年諾貝爾文學獎得主。

的重要成分是披露一個人的高度私密，披露這種私密會極大地傷害此人。這種親密訊息（祕密）的價值在於它的稀有性，在於它是為朋友所保留的商品。向匿名的觀察者暴露祕密是對這種商品的稀缺性的直接貶值。當然，人們為了醫學治療或法律救濟，也會向外人透露親密訊息，但這是為一些特定的目的而不得不做出的。和朋友分享祕密則相反，它是一種重要的友誼行為，它不僅僅是尋求同情，或是獲得心理治療的便宜方法。因此，與建立在危難時期依賴性的友誼相比，侵犯隱私更多的是對建立在親密之上的友誼的傷害。

如上所及，極權社會的興趣在於親密訊息，目的是發掘其成員的弱點。他們對與政治無關的親密並不特別感興趣，除非這種親密能夠暴露可以被發掘用於勒索的弱點。流言社會對親密訊息的關注則是出於自身安全的考慮，親密訊息支撐著流言社會。極權社會關注阻止那種可以結盟反對政治制度的友誼，統治政權試圖按照分而治之（divide and rule）的模式，滲透到互相支持的人們之間複雜的關係網內部去，從而充當人與人之間關係的最高裁決者。這就是極權的意義。在極權政權的暴政時期（娜傑日達・曼德爾施塔姆[4]對史達林主義者的描述），恐怖的第一受害者是友誼。不僅那些在危難時出賣人格、出賣他們朋友的人，而且包括被出賣的人，都感到自己被貶低了。即使後者仍舊保持自己的誠信，但他們親眼見證了他們的歸屬感被摧毀。

然而，似乎有人反對我前面描述的觀點，他們認為：極權社會已經被證明是經受考驗的友誼的祕方和擔保者。因為在這種政治體制中，友誼是反對非人性政治體制的人性同謀。任何曾經了解蘇維埃持不同政見者的人，都被這種友誼的堅固所感動。而恰恰是這種制度的垮台才摧毀了這些老戰士般的友誼，每個人都被孤立了。可是，持不同政見者並沒有代表什麼。我們必須記住：在這些持不同政見者出現之前，該政治制度的極權性質與史達林時代的恐怖相比，已經很軟弱了，儘管當局沒有承認這點。此外，我們還必須釐清恐怖政治制度中友誼的性質：它們是依賴式的友誼，還是分享親密式的友誼？如果發現它們主要是屬於第一種情況的友誼——依賴式友誼，我不會感到吃驚。

迄今為止，我一直在努力發現侵犯隱私的哪個特徵構成羞辱行為，從而使社會變成不是有品社會。敲詐、挾制、排除偏差者、摧毀親密從而摧毀有意義的歸屬感，對一個似乎需要直接回答的問題，這些都是間接的。回答的本身就說明，侵犯隱私本身是一種典型的羞辱行為，違

4 娜傑日達．曼德爾施塔姆（Nadezhda Mandelstam, 1899-1980），俄國作家，因其丈夫寫的史達林的諷刺詩，而被驅逐到烏拉爾山區的切爾登。

背人的意願去檢查他們的私處是羞辱行為的典型。如果沒有重大安全的合理化解釋（如機場實行的人體檢查制度，雖然當事人不情願，但表示同意並理解），在未經本人同意就檢查一個人的私處，是羞辱的極端形式，侵犯隱私是這種行為的延伸。

換言之，自尊和羞辱都建立在一種私人空間的基礎之上，侵犯私人空間是作為羞辱來理解的象徵行為，因為它無視受害者的根本利益。沒有能力保護一個人的私人地帶，標誌著在維護人的基本利益方面絕對無助，它也是隱私侵犯者完全無視受害者根本利益的決定性證據。對我們的利益完全無視，就是無視我們作為人的表現。哪些具體的行為被視作侵犯隱私（隱私是否是空間定義還是其他形式）取決於文化，但侵犯隱私始終是羞辱的核心行為。這是確切無疑的，甚至早在人們將這種羞辱行為解釋為對人的利益缺乏考量之前。簡言之，侵犯隱私的生理特徵是羞辱的典型行為，這一事實不需要太多證據。有許多不道德的情事涉及侵犯隱私，但是我們的問題只限於一個特定的事物：羞辱。

13 官僚機構

研究官僚機構的人關注三個方面的問題：第一，什麼是官僚機構？這是定義或解釋的問題，例如某個大型的私營保險公司的員工是官僚機構嗎？第二，什麼是好的官僚機構？這是道德規範問題，表現形式有兩種：其一，如何確定工作任務的特點而來評價一個官僚機構；其二（比較問題），和處於競爭市場中運作的公司相比，在完成類似工作任務的方法上，公共官僚機構如何履行工作職責。第三，官僚機構的工作動機。導致官僚機構膨脹的原因是什麼？官僚機構是按照諸如「彼得原理」[1]或「帕金森定律」[2]（它的一個版本認為官僚機構的附屬單位按

1 彼得原理（Peter Principle），由管理學家勞倫斯．彼得（Laurence J. Peter）提出的，指出：在組織或企業的等級制度中，人會因其特質或特殊技能或表現獲得擢升，最後會到他不能勝任的職位，相反變成組織的障礙物及負資產。

固定比率增多，與工作量無關）一類法則來運作嗎？戲劇《部長大人》[3]是一齣諷刺劇還是一段現實？

然而，我們關心的問題是另外一個：有品社會需要什麼樣的官僚機構？到目前為止，對這個問題通常的回答應當很明白，即一種不會有系統地羞辱依賴該機構的人的官僚機構。我們把羞辱限定在「有系統地」一詞上，目的在於區別兩種不同的羞辱，即源自官僚機構自身性質的羞辱，和基於少數惡劣官員的隨意行為的羞辱，他們的行為敗壞了整個組織的官僚作風。

回答我們的問題要涉及對官僚機構的三個層面的分析，即定義上、道德規範上，和實際層面上。例如，最偉大的官僚機構研究者馬克斯・韋伯曾把官僚定義為一個在其職責範圍內具有權威的人[4]，如果我們把它考慮進去，就會遇到定義上的問題。韋伯把官僚分為職員和管理人員兩類，只有後者才在其職責範圍內作為決策者而擁有權威。因此，韋伯認為只有他們才稱得上官僚，即官方權威的代表。這種劃分方法極大地限制了官僚的通常概念，因為前來機關辦事的人恰恰與韋伯不認為是官僚的職員打交道。我對官僚一詞的使用與韋伯有所不同：我認為它既包括所謂決策者的官員，也包括各個級別的職員。我使用的「官僚」一詞，不僅包括公共財政供養的公共機構的工作人員，還包括經濟體中壟斷或半壟斷性企業中的職員。換言之，官僚包括所有強加於公眾的官員——所謂「強加於」係指社會中的個人對他們無法選擇，而在競爭或準競爭行業中他們可以選擇官員。

為避免這種概念對我們的討論產生不必要的影響，我們必須研究人們對官僚機構態度的變化趨勢。官僚機構聲名狼藉，最好的也只是被人視為一個不可或缺的惡魔，而且總是部分多餘的惡魔。福利國家名聲不好的主要原因之一是它對官僚機構的過分依賴。福利國家的運作基礎是轉移支付和在自由市場之外提供服務，這種國家從定義上就要求存在官僚機構，即一套文官制度來安排轉移支付和為保障提供服務。官僚機構是社會民主的最大問題，這不僅是極權社會主義的問題，在社會民主中實現分配正義的理想，需要使用一種令人不愉快的制度才是問題所在。

---

2 帕金森定律（Parkinson's Law），由英國作家西里爾．帕金森（Cyril Northcote Parkinson）提出。帕金森經過多年調查研究，發現一個人做一件事所耗費的時間差別如此之大：他可以在十分鐘內看完一份報紙，也可以看半天；在工作中，工作會自動地膨脹，佔滿一個人所有可用的時間。在行政管理中，行政機構會像金字塔一樣不斷增多，行政人員會不斷膨脹，每個人都很忙，但組織效率越來越低下。

3《部長大人》（*Yes, Minister*），於一九八〇年代播出的英國電視情境喜劇，以嘲諷當時英國政壇各種現象為主題，是當時很受歡迎的電視劇集。

4 Max Weber, "Bureaucracy," in Guenther Roth and Claus Wittich, eds., *Economy and Society* (New York: Bedminster Press, 1968).（原註）

在官僚機構和整體服務之間存在互動關係，而且對於福利服務尤其如此，削減官僚機構就會導致服務的削減。實際並不如此，因為絕大多數官僚機構都效率不高。所以，似乎削減官僚機構可能不會降低服務水平。但官僚機構作為一種社會現實並不按這種方式萎縮，為證明它們是必要的，往往是萎縮後最會傷及公眾的部門（如醫院、學校等）被精簡。不僅如此，文官制度不是市場體系，它是建立在資歷及其與之相伴隨的額外津貼之上，工作人員按照後進先出法被辭退，而這種原則不是最有效率的標準。

上述這些評論皆屬於陳腔濫調，但卻都是正確的。對建立在官僚機構的社會的態度由一個極端轉向另一個極端，從仇視官僚當局的極端，轉向對服務一旦被削減就產生抱怨的極端。第二個極端並不一定使官僚機構變為可愛，但它在某種程度上會減輕敵意。

困擾我們的問題不是官僚機構是否令人生厭，而是它是否包含著羞辱人的成分。人們對所有官僚機構屢次三番的抱怨，主要針對它的如機器般的性質。官僚機構建立在非人格的關係上，因此官僚對個人及他們的苦難漠不關心，並且不考慮他們的個性和獨特性。這種非人格（impersonal）的態度往往變成一種非人性（inhuman）的態度，「對於官僚來說，人只是數字」，或「職員只看申請表，不看表後面的人」，都是這種批評常見的用語。即是說，官僚被譴責為把人看作是非人，當作是數字、表格，或案件，而這種以機器方式的看人態度，從本質上講是羞辱人的（參見本書第六章）。

最有意思的是：正是官僚機構如機器般的性質，像是缺乏個人態度，被韋伯視之為它最偉大的資產。這是他對完全建立在個人好惡基礎上的封建主義，和不是建立在歧視性個人關係之上的威廉敏娜[5]式官僚制度，進行比較後得出的結論。純正的官僚機構可以避免封建意識，你無須討好你不認識的人。

在官僚制度中，存在兩種「按規則行事」。這兩種方式都把官僚機構置於一個它不能取勝的地位——至少不是被人們感恩的。如果你的具體情況屬於一個特殊情況，而且你的問題需要予以特別關注，如果你不符合關於你的案子的規定標準的小框架，那麼你一定會對官僚機構不考慮你的特殊情況而感到氣憤。規則堅持者——即堅持要將你納入強行一致的標準——會令你勃然大怒。當然，你所需要的是對你的情況做有利方面的考慮。如你的特殊情況經仔細考慮後並未被批准，便在傷害之上又增加了汙辱。你不需要僅僅考慮你的特殊情況，也需要想得到的

---

5 威廉敏娜（Wilhelmina, 1880-1962），一八九〇年至一九四八年的荷蘭女王，和一九四八年至一九六二年荷蘭太上女王。

結果。然而，如果你完全符合規則中制訂的標準，而且你有資格得到某種優惠，那麼便沒有什麼比某些職員行使自己的自由裁量權更使人惱怒的了。甚至該職員假裝對所辦的事情有發言權也會激怒你，因為這種表示會迫使你必須附和他，並對他給你實際上是你應得的東西的恩惠表示感激。

如果個人的態度不僅是一種禮貌和友善的行為，而且也涉及超越普遍規則的任意裁量權，那麼就不應批評官僚缺乏個人的態度。從體諒他人的意義上出發，個人的態度並不能保證有人性的態度，不給職員任何自由裁量權的規則，會比仁慈更加公正而且更加基於權利。但是如果規則本身並不公正，甚至是惡法（如紐倫堡法案），那麼為了受害者的利益而廢除它則百利而無一弊。一個既有惡法又有腐敗官員的社會，好於既有惡法又有嚴格執法的官員的社會，通過行賄實現個人私下接觸，要好於執行歧視規則的非歧視態度。但是，對付邪惡政府的這種方法不能過於廣泛，因為腐敗官員必然更加虐待那些沒有賄賂手段的不幸的人。所有好的政治體制都是相似的，所有不好的政治體制各有各的不同。沒有將邪惡廣泛化的空間。

韋伯致力於把封建主義和官僚機構之間的區別，視為治理的兩種不同理想類型。在封建主義下，司法、經濟和組織的角色被同一人所把握，沒有專業化和職業化。封建的行政機關靠特許權而不靠薪水來供養。與此形成鮮明對照的是，理想的官僚制度在普遍效力的規則方面優於封建主義（黑格爾因此認為官僚制度包含著保障普遍利益）。換言之，規則面前社會成員人人平等，官僚制度不是建立在人際關係之上，而是建立在角色和規則之上。

如上所述，所有這些都反映了官僚機構和封建主義這兩種理想類型的真實情況。韋伯從來不認為會有「封建的官僚機構」這種畸形組合的可能性——即「命名學」（nomenclatura）意義上的政府，這種政府不關心不是「自己人」的人，但對「自己人」的特權卻非常人性化、考慮非常周到。它是一種類似於中世紀部落式的行政制度，這種制度下，職務低的官員依附於職務高的官員，像臣屬般忠於他們。封建的官僚制度就是分別按人際關係和非人際關係兩種原則行事的創造物，兩種原則結合在一起構成非人的關係。

羞辱的實質是按非人的方式對待人。把人當作動物、物品或機器來對待，這是一種已被接受的說法，表示按非人的方式對待人。官僚機構又提出了一個新的說法——把人當作數字或申請表來對待。這兩個新的說法，加上把人比作機器，構成人被當作是非人來對待的現代說法。即是說，一種現代的羞辱類型，其表現形式就是把人當作數字。這一形式的最極端例子表現為納粹官僚機構在集中營囚犯手臂上刺上標籤。一個人的名字就是他身分認同的標籤，人與名字融為一體。使一個人為他的名字蒙受羞恥是一種嚴重的羞辱行為。有系統地拒絕一個人與他的名字相聯繫，是抹去他人性身分認同標籤的行為。當然，用32號轉喻魔術強生[6]或者用33號代表大鳥柏德[7]，則是至高無上的榮譽的表示，因為這些球衣號碼在籃球迷的眼中已經成為他們專門的象徵。然而，用一個人在監獄的號碼來代替名字，卻純屬一種把他排除出社會的行為，會意味著把這個人排除出人類家庭。這就是把人當作是數字的含義。

對這個問題的答覆，有人也許會認為：這不是把人當作非人對待的新方法。把人當作非人對待可以被看作是把人當作是動物的表現，因為人工飼養的動物身上都貼著號碼標籤。此外，它可以被視為把人當作機器對待的表現，因為汽車也是按車牌號碼來認定身分。

把人當作數字對待是把人當作非人對待的另一種表現。為了把精力集中在這一觀點的核心上，我們必須區別排斥和不認同兩個概念。這區別可能不會被所有人接受[8]。

被當作號碼來對待的感覺，可以表示一個人感到他寶貴的素質未得到認可，並且被當作沒有名字的人對待。即是說，把人當作號碼對待會是缺乏認同的表現，它傷害人的自豪但它不構成羞辱。然而，我關心的是把人當作號碼對待的更激進表現，即表示把這個人排除出人類家庭，從而公開侮辱他的尊嚴，因此而構成羞辱。

如果一個人被要求填寫表格，在這張表格中，他被要求把自己歸入一種不包含任何對他有價值的東西的中性類別，那麼這種要求本身會使他感到受到汙辱，而且他會產生被當作號碼對待的感受。但我所感興趣的是涉及羞辱而不是涉及汙辱和不認同的情況。號碼是識別標籤，因此對於現代社會的運行至關重要，包括護照號碼、身分證號碼、社會保險號碼、駕照號碼等等。

在前現代社會中，給人編號的概念本身往往被看作是禁忌，可能是因為它被視為會招致狠毒的目光，或者因為它被視為把人當作非人對待的一種表示。牲畜可以被編號，但牲畜不是人。因此，聖經告訴人們，大衛王因曾試圖進行人口統計而犯下一項罪惡，結果給人帶來瘟疫（《撒母耳記下》第二十四章）。在傳統的社會裡，也許是這樣，但在現代社會中，如果沒有編碼和識別標籤，就會很難生活。

把一個人轉變為號碼，意味著把識別標籤改變成強制性的身分認同，這種情況發生在一

6 魔術強生（Magic Johnson），美國洛杉磯湖人籃球隊前隊員。

7 大鳥柏德（Larry Bird），賴瑞．柏德，美國波士頓塞爾提克籃球隊隊員。

8 Charles Taylor, "The Need for Recognition," in Taylor, *The Ethics of Authenticity* (Cambridge, Mass.: Harvard University Press, 1992); Berlin, "Two Concepts of Liberty."（原註）

個人或一個群體，被社會組織認可的唯一的身分認同特質是號碼標籤之時。例如，如果監獄當局把囚服上佩戴的號碼作為代表某個囚犯的唯一方法，那這個囚犯就真的被當作號碼對待了。在戲劇《被編上號碼的社會》（*The Numbered*）中，伊萊亞斯·卡內提這位現代生活中非人性化的敏銳鑑定家描寫了一種虛擬社會，在這種社會中，號碼成為統治人生活的標籤。每個人的脖子上掛著一個膠囊，裡面記著一個號碼，這個號碼就是表示他們注定要死亡的日子的數字。50號先生起來反抗並發現這些膠囊實際上是空的，他所發現的數字標籤與這些人的真實特質無關，甚至與他們被注定要死去的那個日子也不相干。數字識別標籤只是根據一個人在某個劇院的座位號，而不是根據識別這個人的實際特質來編排。數字標籤可以用一種沒有身分認同感的方式來識別佩戴它的人。當數字標籤被用於取代身分時，它就是一種把人當作號碼對待的表現了。

然而，把人當作號碼，這種對待人的方式不論把他們當作非人對待是舊的或新的表現形式，不論是否建立在把人當作動物或機器對待的基礎之上，官僚機構都注定會被看成是羞辱人的，因為它把人當作號碼對待。看看官僚機構的實際運作方式，對於我討論的有品社會來說會有幫助。方法之一就是研究它在福利國家中的角色。

14 福利社會

對於福利國家和福利社會在增長的現象，無論是它們的意識形態來源還是其實際背景，都已成為很多人詳盡的研究對象[1]。福利社會思想具有折衷主義的特徵，這說明福利之河的源頭必須到許多細川中去尋找，包括基督教徒、社會主義者，和國家主義者（俾斯麥[2]）。這些理論經常導致福利社會的特徵在概念上相衝突，特別是導致對這樣一種社會的必要的合理性解

1 Maurice Bruce, *The Coming of the Welfare State* (London: B. T. Batsford, 1961); A. William Robson, *Welfare State and Welfare Society: Illusion and Reality* (London: George Allen & Unwin, 1971); Harold L. Wilensky, *The Welfare State and Equality* (Berkeley: University of California Press, 1975); Richard M. Titmuss, *Essays on the Welfare State* (London: Unwin University Books, 1950).（原註）

2 俾斯麥（Otto von Bismarck, 1815-1898），普魯士王國首相，統一後的德意志帝國首任宰相，人稱「鐵血宰相」。

釋之間相衝突。一部分思想家已經合理化提供福利的需要，認為它是保護資本主義制度的需要——為經濟競爭中的輸家提供社會安全網，否則，他們會破壞經濟制度。與之相反，也有一些思想家把福利國家視為社會主義的現代形式，與市場經濟制度兼容並蓄，但從市場中徵用某些重要的領域（如醫療、教育和養老金）。

我對福利社會的興趣集中在它與有品社會的關係上。根除英國「濟貧法」（Poor Law）中對窮人貶低態度的必要性，是福利思想的歷史淵源。英國的「濟貧法」自伊麗莎白一世時期以來的每次修改，都把羞辱作為威懾工具，針對尋求免費午餐的人剝削福利，起了重要的作用。它的指導方針是：向人們提供慈善麵包會鼓勵懶惰和令人討厭的對社會的依賴，以一種特別羞辱人的條件來提供救濟，可以阻止懶人尋求救濟。因此能夠接受這些貶低人條件的人都是沒有任何選擇的人。「無賴窮人」一詞就表示對赤貧者的深度懷疑，它不僅僅是在沒有路燈的社會中流浪乞丐恐怖主義的殘留。這種懷疑的理由是認為窮人應對自己處境負責並應受到譴責，認為有必要把實際上有能力工作、騙取救濟的窮人，與確實無法改變其貧窮處境的真正的窮人區分開來。喬治．蘭斯伯里[3]在第一次視察他準備擔任託管人的救濟院後寫道：「已經盡一切可能造成精神上和道德上的貶低」[4]，窮人想進救濟院需要進行審查，而真正應當接受審查的，用約翰遜博士的話來說，是整個社會，「對窮人有品的關心是對文明的真正考驗」[5]。

我把討論改道進入狄更斯的世界，那不是一種與當今世界背離的舊時代。所謂假窮人，只是一些把吸血鬼般的頭伸進公共口袋裡的懶惰剝削者，反對福利國家和那些需要福利國家的人都表示不相信他們。讓缺乏生活必需品的窮人接受羞辱人的資格審查，這種想法並不完全是過去的事情，狄更斯描寫的現實也許已經從發達的福利國家中消失了，但把羞辱人的審查當作對虛假需求的威懾的想法依然存在。

我已經介紹了建立福利社會的歷史動機之一，即為了摒棄用羞辱人的方式來救濟社會中靠施捨生活的窮人。但對福利社會的一種抱怨則認為，福利社會也是羞辱人的，它不僅不能阻止羞辱，實際上反而通過其自身的制度去製造羞辱。福利社會使依賴它的人喪失自尊，他們願意出賣他們生而俱來的個人自主權和驕傲，來換取從公共食堂得到一碗扁豆。只有家長制的社會才肆無忌憚地用自己的權利，取代人民對自己利益做出判斷的自由裁量權，這是一種使窮人的

3 喬治．蘭斯伯里（George Lansbury, 1859-1940），英國政治家和社會改革家，曾任工黨黨魁。
4 Bruce, *The Coming of the Welfare State*, p.109.（原註）
5 同前註出處，p. 51.（原註）

二等公民身分永久化，並賦予他們非成年人地位的社會。所以，我的結論是：有品社會肯定不是福利社會，因為福利社會具有貶抑人的尊嚴和社會地位的性質。

在我們面前有兩種互相衝突的觀點：一種觀點認為，福利社會是有品社會的必要條件，因為只有福利社會才有力量根除使社會喪失有品社會資格的組織的羞辱；另一種觀點卻認為，福利社會本身就是貶抑人的尊嚴和社會地位，它的羞辱是組織性的，因此它不是有品社會。

讓我們先來討論福利社會是有品社會的一個重要補充的觀點，這一觀點的論據是，福利社會能保證不出現貶抑人的尊嚴和社會地位的生活條件（如貧困、失業和患病）。這討論的相當大一部分集中在貧困、失業和患病是否真的屬於羞辱人的生活條件這個問題上。我們必須時刻牢記：在福利社會中，我們目前的關注只限於它阻止抑或助長羞辱這個問題。

貧困與羞辱

我們首先應區別福利國家和福利社會兩種不同的概念。福利國家是國家本身就是福利服務提供者的社會，而福利社會則是由志願者或準志願者組織來提供這些服務的社會。例如，以色列就是福利國家，而英國託管時期在巴勒斯坦的猶太人定居點就是福利社會。我們要討論的只是福利社會，但說明這個問題的最合適方法則是使用福利國家的例子。

羞辱並非一定是羞辱意圖的結果，它可以來自組織或個人所造成的生活條件。反通貨膨脹貨幣政策會引發經濟蕭條導致失業增加，這種結果是預先設定的，但經濟蕭條也會只是（在絕大多數情況下）出乎某個經濟行為所意料的後果。福利社會的目的是不僅要減少故意的羞辱，還要改善貶抑人的尊嚴和社會地位的生活條件，如失業，這通常不是預先設定的結果。

並不是所有人類的苦難都是羞辱的起因，問題是我們如何判斷人的苦難的生活條件在什麼時候應被視為羞辱人的。對於某個態勢或生活條件（即態勢是人類行為的結果，但它無意羞辱任何人）在什麼時候可以被稱為是羞辱人的這個問題，貧困是最具代表性的測試方式。因此，我們應關注貧困本身是否羞辱人。

問題不是窮人是否感到被羞辱，而是他們是否有充足的理由感到被羞辱。赤貧可以麻木人的尊嚴和社會地位被貶抑的感受，但這不意味著窮人可以被羞辱。我引用海伊姆·納曼·比亞里克[6]的一首詩來討論這個問題。詩雖然不是論點，但它可以轉化為論點。比亞里克在他著名的詩篇〈喪偶〉中為他自己守寡的母親的貧困而感到痛苦，在對貧困的絕妙的描寫之中，整個詩篇暗含了一種論點。

詩人比亞里克堅信貧困會羞辱人，「因為人的偉大受到玷汙」。他甚至挑戰上帝：「上帝怎麼會眼睜睜地容忍他在人間的榮耀變成毀滅的魔鬼！」人的尊嚴被描繪成是上帝按自己形象創造的，這種尊嚴已經被摧毀了。貧困會羞辱人，這些詩所表達的正是這一觀點的加強語氣版本。不過，根據貧困羞辱人的觀點，比亞里克還描寫了貧困的特徵：

她突然出現在房屋的廢墟和她生活潦倒之上，
上無片瓦，身無分文，沒有避掩，沒有保障
……
孤獨一人，沒有自我保護的手段，被她的靈魂和失敗所拋棄
……
一個像她一樣的人蟲中的蛀蟲，她們是傷心的、是受壓迫的
……

飽受苦難的女人，不幸的女人
形象醜陋，面容猙獰
……
仁慈和憐憫被剝奪，母親和妻子的形象蕩然無存
殘跛的暴民……被貓的獵物吼叫猛烈衝撞所激怒
扔在他們面前的每一根被打斷的骨頭，和每一塊腐爛的肉。

貶抑人的尊嚴和社會地位的貧困，其表現形式為衣不蔽體、居無定所；「孤獨並缺乏自我保護的手段」，即徹底的弱勢和無助；一事無成；為生存而鬥爭，即一場為一根骨頭狗咬狗的戰鬥；在為生存而進行的殊死的搶奪中被降低到畜生層次；失去女人和母親的樣子，沒有能力為自己的孩子提供食物。所有這些都與汙穢有關：喪失正常的生理外表，對生活失去興趣和欲望；無理粗野：對與其生存形成競爭的人「滿口汙言穢語」，在受難的婦女中缺乏基本的姊妹

6 海伊姆·納曼·比亞里克（Hayyim Nahman Bialik, 1873-1934），希伯來詩壇巨擘。因寫下了體現猶太人願望的詩篇，而使現代希伯來文成為詩歌表達的靈巧工具。

之誼；受到偶爾扔給破骨頭、爛肉的人的羞辱，他們沒有憐憫心和同情心，好像正在扔一根骨頭餵一條無家的狗。

早期的基督教對貧困的認識，與將貧困視為羞辱的觀點相對立，它把即使是最貧困也視為經歷磨難而變得高貴，「（對窮人說）天國是他們的」（《馬太福音》5：3）。這一思想認為物質上的佔有會阻礙人實現其成為靈魂擁有者的崇高使命。貧窮意味著從所有物質主義的誘惑中解放出來，並因此得到昇華而不是墮落。社會要解決的問題不是如何通過消滅貧困來消滅羞辱，而是如何把羞辱從貧困中去抹掉。

至於消滅貧困本身的可能性，基督徒和猶太人都面對互相矛盾的版本。在《申命記》中，我們發現在同一章中（第十五章）表達了兩種觀點：一方面，指導虔誠的清教徒和維多利亞時代人的觀點被表達為「那地上的窮人永不斷絕」（第十一節）；另一方面，在第四節表達了「一個沒有貧困的社會是可能」的觀點，即「在你們中間沒有窮人了」。

崇高的貧困需要兩個條件：窮人沒有家庭責任，和貧困是自願的。無論在基督教還是在佛教中，貧困都被看作是男僧女尼的貧困。對貧困的重新評價，從抹掉羞辱的意義上講，必然局限在自願的貧困，和無子女的貧困方面。

將貧困重新評價為高貴，與憤世嫉俗形式的斯多葛派的態度相似。我在本書開頭所介紹的斯多葛哲學對羞辱的態度，或者（更準確地說）斯多葛哲學認為奴隸制度不羞辱人的觀念，也是崇高貧困的概念。

貧困的概念是相對的。美國加利福尼亞州的窮人在印度加爾各答市可能會是中產階級。但是，貧困並不等於處在最低收入線以下，貧困與收入分配沒有關聯，但與最低生存條件的社會概念有關。最低生存條件和「過一種人的生活需要什麼」的社會概念聯繫在一起，它反映每個社會中佔主導地位的人性概念，也折射出社會中經濟層面的公民資格門檻概念。

到目前為止，我一直把自豪與自負（self-worth）的概念予以區別開來。但如果為自豪設定一個門檻，這一區別就很難繼續維持下去，特別當貧困被看作是失敗時——其痛苦的作用在於，貧困會剝奪窮人過有價值生活的選擇。賦予某種生活方式價值，並不一定把它認定為首選的生活方式，但它至少是人所尊重並認為有價值的生活方式。貧困封鎖了人們認為有尊嚴的生活方式。此外，還有認為貧困是徹底失敗的結果的感覺。

把對失敗的責備扔到窮人窄窄的肩膀上，在「濟貧法」中是一種自以為正當的表現。然而，導致福利社會出現的對窮人的態度轉變，卻源自於「窮人應當對自己的境況負責」這種思想：

資本主義經濟中的企業界讓太多人失業，其目的在於讓人們相信，他們的貧困是懶惰和酗酒的結果。把大量的人招募進國家軍隊中，也會導致對窮困新兵的態度轉變，這些人會突然被看成是在戰爭方面有作為的人。貧困是道德缺失的結果，這種觀點的說服力雖然正在減弱，卻仍然存在著且已成為射向福利國家的一支毒箭。

貧困通常源自窮人的失敗，這種觀點不但缺乏合理性，還損害了窮人的社會榮譽。但為什麼「一個人的貧困意味著失敗」這種觀點會貶低一個人作為人的尊嚴呢？即使不研究它對一個人的職業的極端重要性，這種失敗無論是否有理由，都會妨礙到這個人（至少是暫時地）實現他的首選生活方式。但這種失敗無論有多麼讓人討厭，我們都沒有理由拒絕把這個人看作是人。對失敗的人的任何重新評價，無論是由社會還是由他本人來進行，都屬於對人某個特徵、甚至是某個很重要的特徵的評價。但是，把貧困視為失敗則隱喻著從整體上將這個人等同於無價值的人，等同於連生存的最低需求都無法保障的人。把貧困視為是封閉生活的可能性，連窮人自己也看待，會使他們把自己也視為毫無價值，似乎他們無能力去過甚至只是在他們眼裡值得過的生活。徹底的失敗必然會被看作是做人的失敗，而不僅僅是在某件工作上的失敗。責備失敗，如果沒有正當理由，就會特別殘酷和惡劣，因為它也羞辱人。

我的結論是，貧困會羞辱人。創建福利國家的目的在於消除貧困，或者至少消除貧困的某些羞辱人的特徵。福利國家試圖在這個方面有所區別於慈善國家：慈善國家依賴憐憫，把憐憫作為鼓勵人向窮人施捨的情感。

憐憫

在慈善社會中，貧困是一個重要問題，窮人可以得到慈善施捨。慈善施捨有的是直接的，有的則是通過公共但以自願的方式徵集的。推動慈善社會的情感是憐憫，但它不同於用來說明其合理性的情感。福利國家的創始人想要消除把憐憫感作為救助貧困的動機和合理性解釋。

窮人因憐憫而得到救濟。雖然救濟並不完全來自憐憫，但憐憫在提供救濟中起到很重要的作用。拉比們[7]在評論托拉[8]時，試圖減輕挨戶乞討的羞辱人的特徵，他們說：「上帝與窮人站在門口」（《利未記》註釋）。但減輕羞辱的努力，即使在施捨者自願的情況下都沒有成功，

7 拉比（Rabbi），猶太教的精神領袖或宗教導師。

乞討的基本狀況就羞辱人。相反的，慈愛（mercy）被視為崇高的情感，慈愛的質地被看作是人的高素質。慈愛品德是屬神的十三個品德中的第一個品德（參見《聖經・出埃及記》34：6—7），而且在猶太教的祈禱中，主被稱為「慈愛的父親」。一方面，慈愛是對施捨者品質的提升；另一方面，慈愛對接受的另一端卻具有羞辱性，二者之間的緊張關係很明顯。這種緊張關係是慈愛與生俱來的，因為慈愛在憐憫和同情之間來回搖擺。

尼采是對憐憫情感進行重估的有力的鼓吹者[9]，他對憐憫作為道德情感的批評，在針對慈善社會的批評中具有特殊的分量。福利社會試圖不依賴憐憫來回應慈善社會致力解決的問題。當尼采號召重估一切價值時，他並未僅僅提出用新的價值來取代原已被接受的價值，而是提出對一階價值進行二階重估，即價值翻轉，原本想要的價值現在變成不想要的，反之亦然。價值重估的標準是，它對人的自我完善是強化還是弱化，這是理解尼采對憐憫道德的批評的切入點。尼采認為，道德必須從個體為自我完善而採取的反思態度開始，個人只有真正在乎自己的真誠，才能做到對他人慷慨。由憐憫產生的那種道德會導致個人偏離自我，而走向一種對他人感情用事的行為。按照尼采的觀點，感情用事這種情感缺乏殘忍，而殘忍則是清醒地認識我們如何才能真正地幫助別人所必需的。利他主義的反面不是利己主義，而是自我完善。完善自我需要個體改變他已接受的驕傲概念價值觀，他必須拋棄這些已接受的概念，以獲得適合於尼采所稱為超人（overman，德文：Übermensch）的驕傲概念。

尼采並不是第一位批評憐憫情感的人。史賓諾沙[10]比他早很多[11]，他提出：憐憫情感建立在形而上學的幻想之上，恰似一個人不會憐憫幼兒不會說話，人因此不應該憐憫他人的缺陷。這類缺陷是阻止這名幼兒說話的同一種必要性的結果。但在我們的討論中，尼采是憐憫情感的中肯批評家，因為他把憐憫情感與人的尊嚴進行了比較。問題在於尼采把憐憫與找錯種類的人的尊嚴（超人的榮譽和驕傲）進行比較，而我們討論的榮譽概念是現實中的人的榮譽。對於我們所討論的內容而言，重要的問題是：「憐憫窮人有什麼錯？」「如果這種情感能夠有效地激

---

8 托拉（Torah），為猶太教的核心。它的意義廣泛，可以指塔納赫（Tanakh）二十四部經中的前五部，也就是一般常稱的《摩西五經》（Pentateuch）。它也可以被用來指由創世紀開始，一直到塔納赫結尾的所有內容。它也可以將拉比註釋書包括在內。托拉的字面意思為指引，它指導猶太教徒的生活方式，因此，所有的猶太教律法與教導，統統都可以被涵蓋到托拉中。

9 Nietzsche, *On the Genealogy of Morals*, Preface.（原註）

10 史賓諾沙（Benedict Spinoza, 1632-1677），荷蘭哲學家及神學家，西方近代哲學史重要的理性主義者，與笛卡兒和萊布尼茲齊名。

11 Benedict Spinoza, *Ethics*, in Edwin Curley, ed., *The Collected Works of Spinoza* (Princeton: Princeton University Press, 1985).（原註）

發人去幫助危難之中的人，它有什麼不對？」「為什麼憐憫這麼不好，以至於有品社會不要建立在出於憐憫而幫助別人的基礎之上？」「當他人憐憫你時，你是否有充足的理由認為自己被羞辱了？」「你因某個問題而被憐憫，這個問題肯定使你很難受，但為什麼你還認為自己被羞辱了？」

憐憫的關係不是一種對稱關係，在憐憫的情感中隱含著一種優越感：「不幸的事發生在你身上，但不會發生在我身上。」恰恰是這種不對稱，使憐憫不同於同情（compassion），同情有可能是一種對稱關係。當某人出於憐憫而做出一次慈善行為時，一個隱含的假定條件就此發生：這一行為的受益人應該表示感謝。憐憫感沒有給施捨者留下可能性的空間，覺得或許將來自己也會需要憐憫；相反的，施捨者在心裡一定認為他與生俱來比他正在憐憫的人要優越，他的憐憫來自於一種他會受到保護的觀點，似乎麻煩和災難不會找上他。如果施捨者不是出於這種受到保護的觀點，關係的性質便從憐憫轉變成同情。我對「憐憫」和「同情」這兩個概念的區別原則不是普遍成立的：這兩個詞往往互相借用，但這種區別非常重要。

憐憫的接受者有充分的理由懷疑他們沒有得到尊重，因為觸發憐憫的是無助和弱勢。人如果還具備控制自己的能力，那麼即使他們處在嚴重的危難之中，也不會被憐憫。憐憫的對象是那些喪失重要的自豪資源、接近喪失捍衛自尊手段的人。

尼采，這位對憐憫具有敏銳眼光的批評者主張：這種情感應當指向人的動物本性，指向人和動物共有的本性。憐憫不完全基於人的特徵，人與人之間的憐憫，和人憐憫痛苦的動物（一條狂吠的狗、一隻餓得直叫的貓、一隻被關進籠子裡的麻雀）方式是相同的。簡言之，憐憫主要是對生理痛苦的反應。憐憫這種感情用事式態度，被憐憫的窮人就像眼露憂傷、被套住的馬兒一樣，成了無辜的化身。感情用事欺騙情感，把它的對象作為沒有自己的意志和人格的無辜的化身。憐憫的壞處之一也是一般情況下感情用事的壞處：二者都從道德上扭曲了其對象的本質。

「虔誠」（piety）和「憐憫」（pity）這兩個詞的英文都源自拉丁文 pietas，但它們在英文中卻在語義上有所區別。虔誠屬於一種宗教情感，它包括無條件地對他人承擔義務（特別是對受難者），這種義務的出發點是真誠的宗教意識。宗教的觀點是：真正的正義社會建立在虔誠而不是憐憫之上，即建立在對窮人的義務，而不是對窮人的恩賜態度之上，而這種義務是從人對上帝的義務中派生出來的。尼采未能領悟到這種情感，對於宗教人來說，它似乎是尼采的錯誤而不是情感方面的問題。

當然，尼采也許不會接受虔誠和憐憫之間的區別。然而，無論尼采的立場會怎樣，我的任務則是把有品社會建立在人道主義的假定之上，建立在虔誠基礎上的正義社會不能滿足這一條件。

總結來說，福利社會試圖在兩個層面上消滅來自於憐憫的羞辱：第一個層面是：它試圖消除貶抑人的尊嚴，和社會地位的貧困生活條件，或者至少在較大程度上減輕貧困；第二個層面是：它試圖消滅貧困本身，但不採用侮辱和憐憫的羞辱人的動機——即引發慈善社會的情感。

福利社會——羞辱人的社會

路德維希·馮·米瑟斯[12]並不熟悉福利國家，但他對聲稱要取代福利國家的慈善社會中所包含的羞辱人的成分卻十分清楚：

> 窮人對於向他們表現的仁慈沒有合法的訴求，只得依賴於樂善好施的人的仁慈，依賴

於被他的苦處所激起的溫柔。他所收到的是一個自願的禮物，為此他必須表示感謝。作為依賴施捨生活的貧民，令人恥辱也受人羞辱，對自尊的人而言，這是一種無法忍受的條件。[13]

但是，米瑟斯不相信，採用福利國家的官員來取代施捨者可以矯正這種弊端。他發現，在福利國家和慈善國家對窮人的羞辱之間存在著聯繫。我們希望發現，在慈善家和官僚之間、在慈善社會和福利社會之間，競爭最終是否真的不分勝負，或者是否福利社會既不能改善也沒有惡化慈善社會中與生俱來的對貧困的羞辱。

把慈善家與作為慈善社會代表，和福利社會代表的官員分別進行比較後可以看出，福利社

---

12 路德維希．馮．米瑟斯（Ludwig von Mises, 1881-1973），奧地利裔美國人，知名的經濟學家、歷史學家、哲學家，現代自由意志主義（Libertarianism）運動的主要推手，被譽為是「奧地利經濟學派的院長」。他的理論也影響了之後的經濟學家如海耶克、穆瑞．羅斯巴德等人，對二十世紀中期自由意志主義思潮有重大影響。

13 Ludwig von Mises, *Human Action: A Treatise on Economics*, 3rd rev. ed. (Chicago: Henry Regency, 1966), p. 238.（原註）

會基本上是官僚政治。因此，對福利社會的指責絕大多數與對官僚制度潛在的羞辱的指責如出一轍。倘若福利社會本質上真正是官僚政治，那麼我對官僚制度中羞辱人的成分已經做過的分析，便沒有必要再重複了。前面的所有分析均適用於福利社會。

我們已經討論了「福利和官僚機構之間是否存在必然聯繫」的觀點。福利社會致力於用非市場機制來改善殘障人士、老人、失業者和窮人的境況，因此，它需要不受市場左右的文書職員團隊，由這些文書職員負責向窮人提供服務和轉移支付。於是，官僚機構被帶進了福利社會的架構之中。「官僚制度」和「文書職員」這兩個詞放在一起，讓人聯想到坐在辦公桌後喝咖啡的文書人員組成的機構的全貌。但是，在福利社會中，照顧窮人的人還有其他人，如護士、社工等等。當然，這種現象只有在服務本身也由福利社會來提供，並且福利社會不完全由文書職員（他們向窮人進行轉移支付，讓其在市場上購買服務）組成的情況下才存在。服務範圍有限的福利社會並不一定限制它給窮人的錢的數量。在這類社會中，官僚制度概念是狹義的，只包括官方作法。完全建立在轉移支付基礎上的福利社會，其官僚制度的作用更受限制，但如果完全沒有官僚制度，它也不能生存。

福利社會的問題在於其官僚政治的性質，它減損了需要服務的人的自尊。但關於福利社會的批評遠不止這些。批評集中在福利社會羞辱人的特徵，認為它削弱了窮人的自主權，把窮人變成由公共財政餵養、並且再也不能自食其力的寄生蟲。福利社會提供的錢在窮人的眼裡是白來的，他們不用為它付出勞動。所以，他們有強烈的動機鼓勵他們繼續不自食其力而依賴福利服務。由於他們已經因接受這些服務受到了羞辱，他們便覺得也可以享受他們被羞辱的「紅利」。

福利國家就這樣剝奪了窮人決定自己事情的能力和權力，把應該表達個人自主性的決定權交給了「家長」官員。儘管如此，這樣批評福利國家的人也承認，用轉移支付來代替提供服務本身，要比一般的福利社會的羞辱程度弱一些，因為它可以使窮人能決定自己的生活。

我反對這種觀點，因為窮人不僅僅需要收入的補充，他們所需要的是特定的服務和產品。貧困往往是與貧困文化相伴而行，表現之一就是窮人需求的優先次序並不反映他們真正需要的東西。典型的批評是，窮人肯定會把領到的救濟花在喝酒上，而不是他們孩子的醫療保健方面。負所得稅增加的消費在於「貧困文化成員」（指形成貧困文化的非必要消費），但卻沒有增加他們因缺乏該物而造成貧困的物品的消費。貧困文化所消費的，如毒品和酒精，對自主性的損害程度，大大高於好心的社會工作者所進行的家長式干預。

在對窮人家庭的討論中，我觸及到一個特別重要的問題，即在討論人的尊嚴時，我們往往把社會看作是由自己為自己做主的個人所組成；而實際上，一個家庭通常由家長一人做主。剝奪家長的部分自主性才可能會確保家庭其他成員擁有更多的自主性。

上面所討論的兩種互相牴觸的觀點，其論據來自於我們所著迷的福利社會。這很容易誤入歧途，很容易把福利社會與其所關注的人混為一體。一方面，好心的社會工作者無條件地為他們所照顧的家庭熱情服務；另一方面，監管當局在夜裡粗暴地闖入單身母親的家中檢查床下是否藏著男人。

絕大多數的問題都是真實的，我絲毫沒有添油加醋。我所提出的方法，用來比較慈善社會和福利社會之間羞辱人的特徵，是研究這兩類社會的理想類型，而不是它們的實際表現。所謂理想類型，意指不僅包括人的類型，也包括與福利社會對立的指導慈善的原則。我們必須牢記，被我們與福利社會放在一起談論的官員，不僅僅只有這種類型的社會才有，傳統的慈善社會也往往是由委任的官員來運作，而不是志願者或民選產生的慈善募集者。大城市中的穆斯林慈善團體、教會慈善募集會，以及傳統猶太社會中的慈善基金會，都帶有相當程度的官僚結構色彩。即使款項的募集也不完全建立在自願捐贈的基礎之上，而是某種利用強權迫使人分攤稅收，與募捐的動機出於社會壓力（比如逐出教會而造成經濟損失的形式）或者組織的處罰沒有什麼區別。

所以，必須關注這兩種社會在幫助窮人時的指導原則。慈善社會最好是建立在仁愛原則之上，而福利社會則建立在資格原則之上。我認為，一個根據他們接受資助的資格來幫助窮人的社會，無論資格標準如何，羞辱程度通常要低於建立在仁愛基礎上的社會。我們曾經提到，我們所討論的是這兩類社會的理想類型而不是它們的實際表現。從理想的意義而言，福利社會應該比慈善社會的羞辱程度低。但是，認為慈善社會靠仁愛原則來驅動，也並不意味著慈善實際地來自於仁愛。因為這不是義務，而慈善是傳統慈善社會的重要義務之一，它的理念是：即使施捨者是在盡義務，接受者也是當作禮物而不是權利來接受它。換言之，義務與權利不相關。

慈善的悖論

上一節也許給讀者這樣一個印象：即慈善社會和福利社會的區別只在於施捨者的動機——

是由含有優越感的仁愛來驅動，還是由一種對有資格獲得救助的窮人的責任感來引導。在基於權利的福利社會中，當官員把接受者有權獲得的救助當作仁愛的表示來給予時，救助的接受者便受到了羞辱。當福利社會的官員按照慈善社會的道德規範來對待窮人時便羞辱了他們。我們對兩種社會最好的狀況的比較很有興趣，問題在於我們能否想像出一個僅基於提供救助，而不羞辱接受者的純粹動機（透過對他們福祉的真誠關懷）的慈善社會。如果這種慈善社會是可能的，那麼，以羞辱人的方法來提供救濟就會是扭曲，即對其真正本質的扭曲。我們已經提過，這會是對理想的慈善社會的扭曲，而不是慈善社會的規範行為的統計偏差。我們所應當做的是研究純粹意義上的慈善，而不是以自私自利、自以為是的面貌出現的慈善。

那麼，一個建立在純粹的仁愛之上的慈善社會，比一個尊重窮人尊嚴的福利社會更有能力嗎？一般而言，福利社會的運作基礎是對它透過稅收獲得的資源進行再分配；而理想的慈善社會則靠自願捐助來運轉。乍看起來，似乎這一事實足以使慈善社會在道德上優於福利社會。

福利社會的偉大學者理查．泰特摩斯[14]研究一個如何給窮人他們所需要東西的模型，他使用了血庫的社會組織的例子[15]。換言之，泰特摩斯的慈善社會模型源於理想的社會。捐血的行為比賣血的行為要高尚無數倍，然而，需要血的人在接受出於仁愛所捐的血時，並不認為他自己被羞辱了。因此，捐血是最典型的慈善社會的例子，而這種捐獻要勝於任何一種對人的幫助。如果接受捐血不羞辱人這種觀點，那麼，我們必須因此而認為接受錢的捐助，也應當被窮人視為同樣的值得尊重。

反對的觀點認為，不能用捐血的例子來推定在福利社會中捐錢也不羞辱人。這種觀點認為，捐血與捐錢，或捐等價於金錢者完全不同，血的接受者與錢的接受者不一樣，他不會去積攢血，捐血者也不會懷念它。在血的例子中，不存在任何貪婪的成分，一個人身體裡擁有更多的血並不能帶來社會特權，捐血與捐錢所分別帶給窮人的意義便因此截然不同，接受者不可能浪費血或把血用於其他目的。捐血者與捐錢者完全不同，除了成為血的主人外，其他什麼也得不到。當然，他也許會考慮去賣血，但他在考慮這種可能性時，並不認為自己在血上有過投入。捐血者認為自己是為了拯救生命，捐血有一種直接引人注目的影響；而捐錢給窮人卻沒有這種效應。但問題的核心在於：捐血者很容易認為自己某一天也需要他人的血，而捐錢者則不容易

---

14 理查．泰特摩斯（Richard Titmuss, 1907-1973），英國首屈一指的社會研究者和教授，他創立了社會管理學科，並在倫敦政治經濟學院擔任該學科的創始主席。

15 Titmuss, *Essays on the Welfare State*.（原註）

認為自己某一天會需要別人捐錢給他。

此外，除了捐獻行為本身的區別外，從制度運作的模式看，捐血也不是慈善社會最好的例子。在某些國家，捐血被看作是一種保險，需要輸血的患者家屬和朋友，要按照患者需要的血量捐血。而捐錢就不存在類似的可能性，因為窮人的朋友也像他一般貧困。這一觀點的結論是：捐血不能對我們應當以什麼方式向人提供資助給予任何啟示。

然而，我們也可以反駁這個反對觀點。我們可以主張，正是捐血給予我們的啟迪，讓我們聯想到有品社會中可能有一種捐錢的社會範式。我們的論據是：為了捐血或接受輸血，人必須克服根深柢固的偏見，如所有與血關聯的迷信、宗教及種族偏見等。與血相關的偏見也關係到榮譽和羞辱。卡斯提亞[16]貴族曾傲慢地宣稱他們擁有貴族血統（sangre azul，英文 blue bood，藍血），即未攙雜猶太人和穆斯林的黑血（dark blood）。作為證明，這些貴族還展示了白色皮膚下藍色的血管。

然而，卡斯提亞的藍色血統如今已成為久遠的歷史，現在讓我們回顧近代歷史。就在第二次世界大戰期間，國際紅十字會還在繼續把白人的血和黑人的血加以分隔。我重提這些事實的目的，在於重中血庫必須逾越的偏見，與血有關的思想根深柢固、寓意深邃，往往涉及部落、家庭甚至民族的血族關係等概念。但是，奇妙中之奇妙的是，捐血行動如今已成為全世界性的，生物學上的血型是唯一要考慮的因素。當我們考慮這些，說明以往的偏見是如何被克服的事實時，我們應當更加堅信，捐血是不羞辱人的社會慷慨的典範，完全可以被其他與慈善有關的領域所仿效。

至此，我們已討論了兩種觀點：第一個是關於施捨的動機問題，特別是純粹的利他主義動機（沒有自以為是的慷慨）的可能性；第二個觀點與第一個有關，是捐血能否作為純粹的慈善（無羞辱、自願，和慷慨）的典範問題。

慈善的悖論由以下難題組成：慈善如果出於良好的動機來提供（或者最好不使用不良動機予以提供）會更好？良好的動機是與別人的福利聯繫在一起，而且不帶有任何自私色彩。捐助者資助窮人的目的純粹是對他人的關懷，不謀求任何回報，善行本身就是回報。我們所稱之為不良動機的，是指捐助者出於自我利益的考慮（如善行會被看到、會被他人尊重）而資助窮人，

16卡斯提亞（西班牙語：Castilla），是西班牙歷史地名，由西班牙西北部的老卡斯提亞和中部的卡斯提亞組成，形成了西班牙王國。在西班牙語中，castellano 通常指的是整個西班牙語，或者是指中世紀的舊西班牙語，是現代西班牙語的前身。

這即是不良動機，因為它利用了別人的痛苦來提高自己在別人眼中的地位。

這個觀點乍看起來頗為簡單：出於良好的動機優於出於不良的動機。從捐助者的角度看也確實如此，但我們的問題在於：從受助者的角度如何看待？對於受助者而言，哪一個更好？是接受出於良好動機的慈善，還是接受出自不良動機的慈善？

站在受助者的立場，如果從有自私動機的人那裡接受慈善，他們接受禮物的事實本身就向捐助者提供了自私的滿足，因此受助者不需要覺得他們對捐助者有所虧欠，他們可以不得已地表示感謝（thanks），但他們卻不用感恩（gratitude）。受助者只會對純粹出於關懷而捐助的捐助者表示感激。捐助者不能真正地要求感激，因為他不是為了接受它而進行捐助行為；但受助者本人則不得不感激，他們從捐助者的慷慨中受益了。與出於自私自利來捐助的捐助者相對，受助者處於只需說好聽的話即可回報他的境地；與此相比，懷著感激之情卻沒有能力回報，這種境地貶低了人的地位。

人們會認為，出於純粹的利他主義而自願給予慈善的人，也會心甘情願地匿名從事捐贈。這樣做確實可以無需受助者表示感謝。然而，問題並沒有解決，因為問題是感激的感覺，而不是感謝的言辭。匿名捐贈的受助者至多可以免去口頭表示感謝，但他不能擺脫感激的心情。我們的問題在於：由於他們沒有能力回報這種好意，所以便處在低下的地位。此外，捐助者不需要什麼回報，這也破壞了禮尚往來的原則，而這個原則卻是慈善問題的核心所在，即使匿名捐贈也無法解決它。利己的捐助者可以得到補償，但利他主義的捐助者卻不能得到補償。人們寧可接受來自他們可以回報的人的捐助，也不願接受他們無法給予任何東西的人的捐助。

慈善的悖論說明，即使純正的慈善社會（即建立在不帶任何利己色彩幫助別人的基礎上的慈善社會）也侮辱人，甚至羞辱人，其原因恰恰就在於捐助者動機的純潔性。不僅如此，我們也不能確定這類社會能否比基於捐助者利己動機的慈善社會更能避免羞辱。

這裡已將兩個問題混為一談，其一是，一個社會為了成為有品社會必須具備哪種官僚制度；其二是，依賴於官僚制度的福利社會與有品社會之間有什麼聯繫。這兩個問題需要通過對福利社會和慈善社會解決羞辱人貧困狀況的方法進行比較來予以說明。

我們可以從多個維度對福利社會和慈善社會進行比較，如效率、捐助的程度，甚至它們的目標。但是，我只集中討論一個問題，就是羞辱。假如福利社會能贏得這場拳擊比賽，那它也是依靠點數而不是擊倒對手而獲勝。我的意思是：有品社會不一定是福利社會，但可以是一種慈善社會，而慈善社會並不一定因為施捨導致羞辱人而不是有品社會。

15 失業

有品社會是一個無失業的社會嗎？首先，失業問題似乎應與貧困問題結合起來進行探討，因為失業意指失去可以提供收入的工作。失業是件壞事，原因並不在於你沒有工作，而在於你沒有收入。所以，工作似乎是生活的唯一手段，而不是有品社會應保障的終極目標。為了防止貧困，收入必須有所保證，而就業卻是保證收入的唯一手段。

果真如此嗎？被迫的失業本身不羞辱人嗎？難道只有失業的經濟和社會效應才羞辱人嗎？

「世界人權宣言」是聯合國的一個高尚宣言，它使聯合國具有仁慈的人性。該宣言賦予每個人工作的權利：不只是社會安全保障和其他所有經濟和社會的權利——用該宣言的文字來說，就是「個人尊嚴和人格的自由發展所必需的」（第二十二條），還明確規定人人有權從事工作（第二十三條）[1]。因此工作不僅是過上有尊嚴生活的手段，其本身也是一種權利。尊重人類的社會有義務向社會中的每個人提供就業，即使這個人的社會權利可以通過失業救濟來獲得保障。該宣言所保障的工作權利，還包括自由選擇職業，以及享受正義與得宜的工作條件。

在我們的討論中，我們所關注的問題是：工作是否真正地成為人類尊嚴的至關重要的條件，是否一旦剝奪這個條件就會貶抑那些想工作的人的社會地位和尊嚴？關於這個問題的更新版本是：在一個失業率長期在百分之十上下浮動的已發展社會中，假定有失業救濟制度，而且失業者有機會找到臨時的工作來補充他們的救濟，結果使他們的總體收入相當於本國非熟練工人的收入。這種社會安排接受了就業不足的羞辱狀況，我們會因此不承認它是有品社會嗎？一個社會只有充分就業，或者（在最壞情況下）無永久失業，才能被看作是有品社會嗎？

人們往往以一種傳教的口吻來討論工作的崇高價值，我們無法與傳道爭論，但工作的價值必須用勞動就業者而不是傳教者的眼光來審視。勞動就業者自己對工作的價值的看法並不那麼誇張，他們會認為工作具有崇高的價值，但並不是每一種工作都是如此。絕大多數體力勞動者不想讓他們的孩子跟隨自己的步伐。許多就業者把合適的工作視為幸福，他們認為，休假比工

1 Maurice Cranston, *What Are Human Rights?* (London: Bodley Head, 1973), pp. 91-92 (Appendix A).（原註）

作日更是他們的人的特徵的真實表現。此外，他們中間許多人確實憤恨非自願的失業，並且覺得失業狀況很悲慘。但是，有必要理解其中的原因。他們是因為失去收入和其社會地位而覺得悲慘嗎？還是因為他們覺得自己的生活失去了某些具有核心價值的東西（如一種表示他們自己是人的方法，藝術家賦予他們的工作的那種價值）？

我認為，人們在能夠通過自己的勞動而不依賴別人良好意願來養活自己時，會把工作視為有價值的。工作給予人自主性和經濟上的公民資格，因此保有人的尊嚴。當然，人的自主性和經濟公民資格會因文化和時間的不同而不同。在古希臘和古羅馬，雇傭工人被視為不配當公民，因為他們靠報酬生活。雇傭工人有別於具有獨立生活手段的紳士，他們的下一層是奴隸，奴隸的勞動不被視為工作，如同服兵役或家務一樣，無論他們多麼艱苦也不被看作是工作。

我們並不關注工作觀念的歷史，但這個歷史非常重要，因為它提醒我們，對工作的態度在很大程度上取決於文化。我提及古希臘和古羅馬，是為了說明，與工作（即使是被雇傭的工作）有關聯的獨立概念是一個相對新的概念。過去，雇傭勞動被看作是有損尊嚴的，部分原因在於勞動者的生存要依賴於他人所支付的報酬。我們現在討論的是工作的價值，是發達工業社會中而不是中世紀行會社會中的工作的價值。在後一種社會中，無疑存在著像羅曼·羅蘭[2]筆下的木匠哥拉．布勒尼翁（Colas Breugnon）這樣的人，他們對其工作的態度和現今的藝術家對工作的態度如出一轍。我們要討論在一個存在著精細的勞動分工的社會中人們對勞動的態度。在這種社會，勞動者與其勞動產品相分離，而正是這種分離在現代社會中導致了勞動者的隔閡。

有必要區別決定人對工作態度的四種依賴。第一種是傳統依賴，即對獲得報酬的依賴；與報酬依賴相反的是自力更生的生產方式，其中生產者不需要任何其他人支付他的報酬；奴隸是依賴性勞動的極端情況，因為他們按命令勞動，而且他們的依賴是絕對的。

第二種是資本主義式依賴，凡是長期由他人贍養的人，如果這種贍養不是對勞動、商品或財產的報酬，他就是依賴別人的人。根據這個依賴的定義，勞動便成為解放所有不擁有財產的人（即必須依賴他人才能生存的人）的一種手段。失業創造依賴，因此，勞動就像財產一樣，能把一個人從對陌生人的善良的依賴中解放出來。

第三種是社會主義式依賴，它建立在一種信仰之上，即勞動是所有經濟價值的來源。所以，不勞動者就是寄生蟲。只有創造價值的工人才擺脫了寄生性的依賴，從而具有真正的獨立性。

---

2 羅曼．羅蘭（Romain Rolland, 1866-1944），二十世紀法國著名作家、音樂評論家，一九一五年諾貝爾文學獎得主。

第四種是喀爾文教徒[3]式依賴，認為依賴的唯一可接受的形式是人作為上帝的奴僕而對上帝的依賴，人的勞動是做禮拜。忘記做禮拜就會造成閒散，而且依賴他人被認為是一種滔天罪行。

我們以上介紹了蘊涵在豐富的學說和歷史趨勢中的四種依賴概念，但在我看來，沒有一種概念能夠合理化工作的價值。在現代社會中，人與人之間互相依賴，不存在任何傳統意義上的自立。社會主義的依賴概念建立在勞動價值論之上，即一切產品或服務的價值都由固化在其中的勞動量來最終決定。然而，即使這種學說很完善，我們也能推翻它，只要看看鑽石的價格便可[4]。（這理論中有一個內容是正確的，即涉及勞動和剝削的內容，我們將在下一節討論此問題。）把工作視為做禮拜的喀爾文教徒式的工作依賴概念，需要我們承認上帝的存在，因而與我們所承擔的人道主義義務相悖。我們現在只剩下資本主義的工作依賴概念（為報酬工作把就業者從對他人慷慨和對犯罪的依賴中解放出來）。這個概念具有重要的道德意義，因為無產者保障自己尊嚴的唯一手段，就是為報酬而工作。但是，在最後的分析中，依靠工作來保障的獨立，並不賦予工作本身的價值。按照資本主義的觀點，還有更好的獨立手段——獲得財產。

關於有品社會及其對失業的態度，我們首先要討論的問題將有意識地切斷工作和收入之間的關聯。我們通過假定有失業救濟來實現這個目的，失業救濟可以用來保證即使沒有工作也可以有收入。然而，這裡必須避免謬誤，可以向任何人提供失業救濟，並不意味著向每個人提供救濟，或者甚至是長期向大量的人提供。長期的大規模失業會導致用來支付失業救濟的財源枯竭，工作和收入之間的關聯仍然沒有切斷，即使只存在於累積的層面上。有品社會必須防止其成員大規模失業，否則它也無法長期保證向失業者提供一份收入，以防止他們陷入尊嚴的貧困。

但核心問題仍沒有解決：一個社會必須保證任何一個想工作的人能就業才能成為有品社會嗎？把就業以及不光是收入當作有品社會的條件的觀點，是建立在人作為勞動動物（Homo Faber）的人的本性之上，認為人的本性只能在工作勞動中表現出來。人的理性表現為深思熟慮地觀察萬物，和苦思冥想永恆的真理，人的人性不能在這種理性而應當在他從事生產性勞動時，才能表現出他全部的獨特性。一個允許非自願失業的社會，因此否定了失業者的人性。這種否

---

3 約翰・喀爾文（John Calvin, 1509-1564），瑞士基督教新教喀爾文教派的創始人。

4 P. Samuelson, "The Normative and Positivistic Inferiority of Marx Value Paradigm," *Southern Economic Journal* 49 (1982): 11-18.（原註）

定是一種排斥，而排斥就是羞辱。所以，這種社會不是有品社會。

勞動動物的觀點起源於定義本質時常用的一個動機。根據這個動機，勞動是人的獨特本質，而且一個人越是體現這一本質，他就越是人。我認為，就業（employment）與一種有意義的職業（occupation）有所不同：有意義的職業指對從業人的生活賦予意義的職業；而就業雖會帶來收入，但不能保證是一種有意義的職業。保證所有成年人擁有他們認為有意義（不僅使他們自豪而且給他們以自我價值）的職業，這個要求是正義的，但很難實現，對有品社會提出滿足這項條件的要求，並不需要基於人性的定義本質的形而上學的合理性解釋。社會沒有義務向每個人提供一個對他們來說是最有意義的職業，但有義務做出認真的努力向他們提供某種他們認為有意義的職業，或至少幫助他們找到這樣一種職業。

對於有品社會來說，妨礙任何人獲得一個有意義的職業都是錯誤的；但這項義務不僅是被動的，也應當是主動的。有品社會如果存在其他手段可以保證最低收入，便沒有義務提供一個以謀生為目的的就業，但有義務向每個社會成員提供尋求合理、有意義的職業的機會，比如研究。職業的意義是主觀的，而合理的標準則旨在規定一個必須考慮個人能力的要求。職業不一定構成就業，從這個意義上講，有意義的職業也是收入的來源。有意義的職業給人帶來的也許其實就是一種嗜好，因此，有品社會必須向其所有成員提供尋找至少一個合理並有意義的職業的機會。

工作場所的剝削和強制

我們在這一節中要討論兩個問題：第一個是，有品社會不存在剝削嗎？另一個是，有品社會存在強迫勞動嗎？

我們必須區別「強迫勞動」這個詞的不同含義，一種是受外部的強迫，另一種是受內心衝動的被迫。我是根據喬恩．埃爾斯特[5]關於強制（coercion）與強迫（force）之間的差異來做出這種區別。埃爾斯特認為，強制指一個人有意圖地強制另一個人，而強迫不需要一個人去強迫，也不需要任何強迫某一個人做某件事的意圖。既然「強迫勞動」一詞在這兩種含義下都適用，

5 喬恩．埃爾斯特（Jon Elster, 1940-），挪威的社會和政治理論家，他也是分析馬克思主義的著名學者。

因此我把第一種含義稱為「強制之下的勞動」，而把第二種含義稱為「被迫的勞動」（compulsory labor）。

當一名巴勒斯坦阿拉伯人在被佔領土上，開車過程中被無理地截停下來，並被迫清除其他阿拉伯人設置的路障，這就是一種羞辱人的強制。但如果這名阿拉伯人清除該路障的原因是為了生活，便不構成羞辱。

剝削工人並不一定指強制他們工作。顯然，強制之下的工作是剝削的一種範式。監獄中的苦役，只要它是一種生產供其他人使用的產品的有目的的勞動，也應歸入此類。奴隸、農奴或者在政府勞務中服役的工人，他們的強制勞動與有品社會絕對不相容。

強制勞動羞辱人嗎？首先，這個問題很奇怪，就像在問「做錯事有什麼錯？」。強制之下的勞動是羞辱的一個範式，被強制從事勞動的人就是被羞辱的對象。但是，討論強制勞動為什麼是不自由這個問題儘管很可笑（因為答案是強制），但強制與羞辱之間在定義上並沒有關聯。在強制勞動中，受害者在身體上從屬於他人的意志，而且這種從屬關係是羞辱的關鍵特徵，因為它涉及剝奪受害者的自主和控制。

強制勞動是羞辱的顯例，但奴隸、農奴或苦役形式的強制勞動，不可能存在於我們這個世界上的有品社會之中。儘管有品社會中會存在剝削現象，但消滅社會中一切剝削是有品社會的必備條件嗎？剝削必須加以偽裝才能存在，這是馬克思的重要學說，因為如果不偽裝，受剝削者就會起來反抗剝削者。剝削的事實經常連剝削者也看不到。在封建社會中，勞動的強制因素對每個人都非常明顯，剝削的特徵卻因地主和農奴之間的關係，被描繪成鄰里之間的關照而被掩蓋了。在這種關照中，地主提供關照，農奴提供產品，稱之為：「我不是奴隸，因為我在你的田裡勞動，是為了讓你騰出身來關照我們大家。」而資本主義社會就不存在所謂的鄰里關照的藉口[6]，擁有生產要素的資本家和工人之間的關係，被偽裝成在契約式結合中的成人之間的互利關係，其中工人提供勞動和技能，資本家提供生產要素。

資本主義和封建制度一樣，把這些關係的剝削本質都偽裝起來了。我要補充說，在維持一個家庭時，夫妻之間的夥伴關係掩蓋了對婦女在家務中勞動的剝削。但我們的問題在於剝削是

---

6 此處關於剝削的討論主要基於：G. A. Cohen, *Karl Marx's Theory of History: A Defence* (Oxford: Oxford University Press, 1978); J. Roemer, *A General Theory of Exploitation and Class* (Cambridge, Mass.: Harvard University Press, 1982); Jon Elster, *Making Sense of Marx* (Cambridge, Mass.: Harvard University Press, 1985), chap.4.（原註）

否羞辱人，而不是剝削是否不公平。

讓我們假設，你是一個紡織工人，由於沒有其他工作可做，你被迫從事紡織工作。你了解紡織，而且，也許更重要的是，你必須養活你自己和你的家庭，這意味著你將不得不在紡織機旁工作。你的雇主只有一台紡織機，而且他不知道（你也不知道）這台紡織機實際上是過去從你的家裡偷走的。產品由你生產出來，而你自己只能得到一小部分，其餘的都歸雇主所有。一天，你發現你被迫在一台其實應當屬於你的紡織機旁勞動，但佔有你所生產的產品絕大部分的人，也許變成了紡織機的合法所有者，而不是你這個道義上的所有者。你覺得被剝削了，但你也感到被羞辱了嗎？

我現在對紡織機的故事做一些解釋。我贊成傑拉德．科恩[7]的觀點，剝削必須有假定條件——在某種程度上構成資本所有者貢獻的生產要素是偷來的。這種偷來的概念是指從其合法所有者手中獲得財產，而不是指未經財產道義上的所有者本人允許獲取某個東西。對我而言，道義上的所有權概念並不陌生，也無可非議。我的問題不是財產是否是偷來的，而是偷來的財產是否被現在的所有者使用，是否向被偷者支付使用該財產的報酬，後者才是感到被羞辱的充足理由。

現在，如果奪走被假定應當歸你所有的紡織機的主人，也同時奪走了許多其他紡織機，並且以極大的才智組織起紡織品生產，以至於他有能力向你支付，大大高於如果你是機器所有者利用該機器生產時所帶來的利潤報酬。在這種情況下，你的被剝削感還能有合理性解釋嗎？

這個問題可能會有下面三個不言而喻的答案：

一、你合理化了被剝削感。剝削是個比較概念，現狀是與反事實的狀態相比較的。你可以理直氣壯地說，如果你與其他被偷來的紡織機的合法所有者聯合在一起，你將可能會賺得多於你的雇傭者（紡織機的偷竊者）支付你的報酬。按照這種邏輯，我們不應當拿如果你是單獨一個紡織機的所有者能賺取多少來比較，而應當拿你把與你具有共同利益的人們適當地組織起來去工作能賺取多少來比較。

二、你確實應當將你現在所賺取的，與你如果作為紡織機的所有者能夠賺得的進行比較；但是，你沒有權利拿它與如果你以一種無論是你還是其他人都未實際做的組織勞動相

7 傑拉德．科恩（Gerald Cohen, 1941-2009），加拿大的政治哲學家。

比較。你的雇主對生產做出了實質性的貢獻，你沒有權利認為你被剝削了；你作為一個雇傭工人在一台應當真正屬於你的紡織機旁工作，你確實有權利覺得這種狀況不公平。但如果剝削意指沒有得到所生產價值的公平回報，那麼你就沒有權利認為自己被剝削了。

三、如果紡織機明顯的是直接從你那裡偷去的，則顯而易見你是受損方，但問題只在於你所得到的報酬是否足以補償你的損失。補償首先必須承認它是一種補償。我們的例子涉及隱藏在當事人背後所有權和偷竊問題，並且需要歷史和科學分析才能發現那台紡織機確實屬於你。與此同時，你意識到：鑑於紡織機不在你手中這個事實，而使你所得到的補償實際上要高於你如果仍是這台紡織機的所有者時能得到的報酬，那麼，在這種情況下，你沒有充分理由認為你被剝削了，只是你的出於嫉妒的痛楚，導致你感到被剝削了。你不僅沒有權利認為自己被剝削，你甚至應當認為自己很幸運。

有人也許不贊成這種觀點，認為即使在最後一種情況下也有理由感到被剝削了，理由是你的自主性被減損，因為紡織機已從你手中被奪走，即使你的收入有所增加。你的自主性包括做愚蠢事情的權利，即所賺取的要低於如果你替他人工作所獲得的報酬。我們的解釋是：做蠢事的權利是自主性概念的一個重要組成部分，換言之，自主性包括做出錯誤（即使其結果是最令人痛苦的）並對結果承擔責任的權利。如果你的生活由某個比你聰明、而且為了你好的他人（如你的父親和母親），以家長式統治的方式來安排，完全可能使你在選擇婚姻配偶一類重大事情方面犯更少的錯誤；但如果某個人也替你做決定，這就會極大地減損你的自主性，把你貶低到一個未成年人的層次上。這勢必會羞辱人，即使愛你的父母無意羞辱你。

上述情況是對於個人而言，而對於環境群體，自主性問題也非常類似。比如，在某些國家用殖民統治來組織生產，可能比自力更生方式進行生產將會獲得高得多的產量。更有甚者，在許多殖民地，當殖民統治被推翻時，生產會急遽下降。但是，我們仍然要說，殖民國家減損了其所統治社會的自主性，從而也間接地減損了該社會成員的自主性。我們也想說這些國家被殖民國家剝削了嗎？這個答案在部分程度上取決於，殖民國家是否掠奪了這些國家不可再生的原料等問題。我關於所獲得報酬比如果擁有紡織機所賺的要多的情況的觀點，完全有可能適用於殖民統治，這裡儘管不存在剝削但可能存在羞辱，因為殖民統治下的殖民地的自主性受到了破壞。

剝削和羞辱之間是否存在著內在的聯繫？這個核心問題仍需要回答，我的答案是不存在。基於被迫而不是強制的剝削不一定羞辱人。剝削不正義，也不公平，但不一定不是有品。剝削的副作用與羞辱存在必然聯繫，而剝削行為本身並不構成羞辱，它不屬於把人排除出人類的那種羞辱，也不屬於使一個人的自主性完全喪失的那種羞辱。用本來屬於你的機器生產產品，這個事實本身並不羞辱人，只有當生產要素明顯地是從你手中偷走的，而且你被強制用它來從事勞動時，我們才能認定這不僅是侮辱而且也是傷害。這種羞辱源自於強制，也源自於面對強盜搖身變為保護者時的無助。倘若你是一個餐廳老闆，黑手黨強制你向他們繳納保護費，但向你保證能夠顧客盈門，從而使你的利潤在扣除保護費用之後還剩更多，而你仍會感到被羞辱了，因為你處在恐怖的、強制的敲詐之下。你沒有被剝削，但你卻被羞辱了，剝削與羞辱之間是因果關係而不是概念上的關聯。所以，一個社會即使存在剝削，也可以成為有品社會。

16 懲罰

懲罰是有品社會的試金石。一個社會所實施的懲罰政策及其程序，都要經受它是否為有品社會的考驗。顯然，不能給予罪犯任何社會榮譽，但他應得到對人的最基本的尊重。所以，觀察懲罰是研究一個社會是否為有品社會、是否把人當作人對待的好方法。懲罰的範例是監禁，因此我們把討論的焦點聚向它。

我有一個簡單的方法可以認定一個社會是否為有品社會，即如果在處罰罪犯（即使是最可惡的罪犯）時不羞辱他。罪犯畢竟是人，每個人，即使是罪犯也都應受到人應當得到的尊重，因為他是人。對人的尊嚴的傷害就是羞辱，因此即使罪犯也應享有不被羞辱的權利。有品社會必須不為罪犯提供認為自己尊嚴被踐踏的充足理由，即便對他們的懲罰會給他們充足的理由認為其社會榮譽被損害（雖然慣犯對照組是位於監獄圍牆之內，而恰好在那裡他們可以獲得他們的社會榮譽）。

這一節的核心問題是：有沒有有效但不羞辱人的懲罰（有效性取決於社會通過懲罰（即通過威懾手段）維持秩序的成功程度）？要求避免羞辱其囚徒是一種會危及有品社會生存的不切實際的要求嗎？

傅柯強調了懲罰在前現代社會中的儀式主義的性質[1]。極其殘忍的肉體折磨通過繁瑣的儀式而體現，罪犯被採用各種不人道的方法緩慢致死。懲罰造成的痛苦量是經過仔細計算的，其中適用於罪犯的原則，往往被扭曲成一種可以被稱之為「以眼還牙」的不成比例的懲罰。懲罰具有示眾、表演的性質，如把受刑人綁在轉輪或刑柱上恐嚇、把受刑人捆起來拉著遊街，所有這些都是在被判死刑的人服刑前，故意對他造成地獄般酷刑的效果。

這種形式的懲罰非常殘忍，其目的在於有意識地羞辱受刑人。當然，被這種身體酷刑所懲罰的人，很少被顧及其人的尊嚴的喪失。然而，處決儀式是特意為觀眾而準備，其貶抑人的社會地位和尊嚴的用意，往往在他們身上產生相反的效果。觀眾經常站在受刑人一邊，並且仇視酷刑和羞辱人的制度[2]。羞辱成為提升受刑人在觀眾眼中的形象的焦點，似乎酷刑洗刷了受刑人的罪惡。

處決儀式的懲罰不僅涉及酷刑，也涉及象徵性動作。在懲罰中，象徵的作用非常重要，但不能被錯誤地理解為是主要的。傷殘受刑人的身體，如砍掉一隻手，無疑是一種羞辱行為，但它首先是生理上的痛苦和傷害。當大衛王砍掉利甲和巴拿的手與腳（《撒母耳記下》4：12），以及亞多尼比色砍掉在他桌子底下拾取零碎食物的七十個王的手腳的大拇指時（《士師記》1：7），他們都故意最大限度地羞辱其敵人。然而，我們必須牢記：肉體的殘忍重於羞辱，對身體施以酷刑比起對靈魂的折磨，會造成更實際的痛苦。儘管有品社會建立在消滅羞辱的原則之上，但它假定肉體殘忍已經被消滅了。

蕭伯納[3]認為：舊式的懲罰比現代的懲罰羞辱程度要低，因為舊式的懲罰把受刑人的痛苦公開示眾而不遮掩；相反的，現代的懲罰把罪犯置於眾人視野之外，以避免其他人分擔他們的痛苦。對人的痛苦無動於衷，就意味著把他排除出人類社會。因此，區分殘忍和羞辱變得很有

---

1 Michel Foucault, *Discipline and Punish: The Birth of Prison*, trans. Alan Sheridan (London: Allen Lane, 1977).（原註）

2 同前註出處，chap. 2.（原註）

3 蕭伯納（George Bernard Shaw, 1856-1950），英國／愛爾蘭劇作家、倫敦政治經濟學院的聯合創始人，以寫作戲劇聞名。蕭伯納寫了超過六十部戲劇，擅長以黑色幽默形式來揭露社會問題。

必要：因為舊式的懲罰的核心要素是殘忍，而我們關心的則是懲罰的羞辱性。

對於有品社會對懲罰的態度問題，還有另外一段文章（也是因傅柯而啟發的），有必要將它看作是警示，即是為什麼懲罰人的要求，在歷史上出自於不僅僅讓被懲罰者重新感受痛苦的動機。因要求人道地對待罪犯而進行的懲罰改革源自於懲罰經濟學的改變：一方面，舊制度對已判處死刑的囚徒特別殘暴和野蠻；另一方面，它又相當縱容非法。這種縱容不僅與貴族的特權相關，也與部分較低階層人的非法行為的寬容態度有聯繫，而這些非法行為則是從對他們的罪行的不道德態度中衍生出來的。資產階級興起及其商業要求，提出了採取懲罰措施來有效地保護財產和商業的需要。於是，廣泛地、統一地懲罰違反者便成為必要。

因此，既出現了限制野蠻型的懲罰的呼聲，也出現了擴大懲罰違法者的範圍的要求。改變人們對懲罰態度的因素不僅有道德敏感程度的改變，也有（可能甚至是主要的）對經濟和社會需要的回應性。這些改變雖然往往被人性態度的假定所掩蓋，但我們必須注意避免把對人的懲罰歷史概念給意識形態化。然而，即使傅柯是正確的，而且懲罰人的動機並不特別崇高，也不應該影響我們要求有品社會必須透過把尊嚴作為核心價值，而不是保護一個可尊重的社會（不一定是有品社會）的利益來解釋自己的合理性。換言之，我們之所以特別關注有品社會的懲罰政策，是因為我們認為這些政策應當受到人的尊嚴的嚴格限制。

懲罰與羞辱

醫療和造成痛苦之間並沒有內在的聯繫。絕大多數的藥也許苦澀，但通常沒有理由說藥不能比酒更甜。如果說疾病像苦膽一樣苦不堪言，醫療也應當如此，那是魔法概念，而非醫學概念。與之相反，在懲罰和造成痛苦之間卻存在著內在的關聯，其中痛苦也包括精神上的痛苦。歐．亨利[4]短篇小說中所描寫的故事，一個什麼都努力的人在嚴寒的冬日被投進監獄，以便能混上一口熱粥來喝，在現實中確實存在。然而，這種例子並不能駁倒懲罰與受難之間存在內在聯繫的觀點，因為在這個例子中，坐牢不是懲罰而是救濟。

實施有系統地人為製造受難的政策，其本身並不是羞辱的證據。許多軍隊都有針對戰鬥部

4 歐．亨利（O. Henry, 1862-1910），美國小說家。

隊新入伍新兵的受苦方針，其用意在於使他們堅強起來而非羞辱他們。新兵如同囚徒一樣，自由被剝奪，新兵接到的命令經常比監獄中的囚犯接到的命令更加嚴厲，但新兵卻不應當是囚徒待遇中失去榮譽、尊敬或名聲的對象。人們有意識地使被懲罰的囚犯感到失去榮譽、尊敬或名聲，即羞辱他們並使他們蒙受恥辱，這裡的焦點仍然為社會榮譽。然而，使失去榮譽、尊敬或名聲被推至極端，就會成為對人的尊嚴的傷害，即羞辱。從法律上講，新兵所受到的待遇不屬於羞辱，因為法律區分造成和不造成失去榮譽、尊敬或名聲的懲罰，但我們在這裡所關注的那種懲罰是一種不造成失去榮譽、尊敬或名聲的懲罰。雖然新兵經常受到來自指揮官的羞辱對待，但這種羞辱卻不是固化在基礎訓練組織中的成分。

因此，我們的問題是在對囚徒的懲罰中能否消除羞辱人的成分。一方面，有人主張：懲罰本身就包括受苦和失去榮譽、尊敬或名聲，因而肯定羞辱人。羞辱成分可以淡化，但監禁有某種目的，如果不把罪犯與人類社會隔離，給其造成受難和羞辱便無法實現。另一方面，也有觀點認為：正是導致各種受苦的懲罰承認被懲罰的人是可懲罰的，即是說他是一個道德行為人，因此值得尊重。然而，如果某個人被排除出可懲罰的類別，而被歸入疾病患者一類中（例如因為他患有精神疾病，故而對其行為不承擔責任），那麼他的行為就不存在失去榮譽、尊敬或名聲問題，但他被排除出作為道德行為人而被尊重的族類。可被懲罰的榮譽聽起來很像是矛盾詞，但黑格爾的說話則聽起來令人毛骨悚然，他把懲罰歌頌為基於應受懲罰的罪犯的權利。但是，我們必須考慮一下新兵訓練營中正在自恨生不逢時的新兵，這些新兵（當然包括認同軍隊目標的旁觀者）把他們服兵役看作是榮譽和特權，而不僅僅是沉重的責任，這樣說絲毫沒有諷刺含義。

所以，我們面對著兩種相互矛盾的觀點。第一種觀點認為懲罰天生就羞辱人；另一種觀點則認為罪犯被懲罰這一事實本身就表明他被認真地當作人對待，這證明他們受到了基本的尊重，這種說法與軍隊新兵因為他們被訓練為精銳部隊而被尊重的說法相比，並沒有更多的諷刺含義。

我們不能讓自己捲入這種兩難的對立之中。可以考慮與羞辱沒有任何天生關聯的懲罰，即不羞辱人的懲罰應當以純正的基礎訓練為典範。無論是新兵還是囚徒都分別處在軍隊和社會的最底層，無論是基礎訓練還是坐牢都是令人不愉快的境況，沒有隱私、時刻被監視。且自主性被完全剝奪……換言之，都是有可能被羞辱的境況。而且，正像社會不關心羞辱新兵一樣，反而用一種無羞辱的觀點來看他們，我們也應該這樣看待正在受到懲罰的囚徒。當然，在實際狀況中，新兵和囚徒都經常受到羞辱。但他們在被羞辱中所扮演的角色各不相同：新兵扮演新入門的社會人，他們在履行加入儀式，即基礎訓練；囚徒扮演邊緣群體，他們被排除出了人類社會。

在這兩種境況（基礎訓練和拘禁）中都包含了駭人聽聞的狀況，新兵和囚徒經常受到來自同伴的羞辱。這種情況的發生是組織造成的，因為無論是軍隊還是監獄都是絕對的組織。所以，被同伴羞辱應當算作組織的羞辱。

社會對於軍隊新兵的態度是有品社會對受刑人態度的榜樣，這種觀點值得懷疑。懲罰也是一種溝通，旨在向社會和罪犯傳遞這種訊息——犯罪與失去榮譽、尊敬或名聲是聯繫在一起的。而對於新兵來說，卻不存在這種類似的溝通。相反的，傳遞給新兵的訊息是：他們有權利為他們正在做的事情而感到驕傲，即使訓練是嚴厲的，或者可能就是因為訓練是嚴厲的而感到驕傲。由於在兩種境況中的訊息溝通截然不同，對服刑懲罰可以被正確地理解為就是使其失去榮譽、尊敬或名聲，而絕對不能用這種理解來詮釋基礎訓練的意義。懲罰是一種溝通行為，這觀點是個事實陳述，不應構成對懲罰目的的某個具體看法的支持——無論懲罰被看作是威懾，還是恢復名譽的方式，或保障正義，甚至是復仇。所有這些對懲罰的合理性解釋都要求它說明，犯罪會造成自己失去榮譽、尊敬或名聲的觀點，但問題是如何把這觀點轉變為只有涉及喪失社會榮譽而不羞辱個人的概念。換言之，我們怎麼樣才能把受刑人改造成為公民的「新兵」（意味著不把受刑人排除出人類社會）？

這是一個實踐難題，但不是一個概念難題。有品社會應顧及其受刑人的尊嚴。

結語

本書前面三個部分討論了構成有品社會的內涵，第四部分處理了如何將有品社會的思想運用於生活的各個領域，如就業和懲罰。這裡的結語不是歸納，目的是比較有品社會與正義社會，即比較它們的內涵，也比較它們的作法。

首先，根據約翰・羅爾斯著名的正義理論（theory of justice）去嘗試理解什麼是正義社會。是否存在著一種不是有品社會的正義社會？換言之，一個社會能建立在正義基礎上，但卻設有羞辱人的組織嗎？按照羅爾斯定義的正義社會，有可能不是有品社會嗎？我們關注羅爾斯的正義社會概念，並不意味著我們無視其他可以與有品社會相比較的正義概念存在。在這裡只提羅爾斯的正義概念只是為了指出：雖然從表面上看正義社會顯然應該也是有品社會，但實際並不如此。換言之，我們可以說正義社會必須是有品社會，但這種說法顯然不正確。確實，我們討論羅爾斯的正義概念的目的，是想證明這兩類社會的聯繫並不明顯。我們認為，康德的理論和羅爾斯的一樣，對人類尊嚴極其敏感，如果一種具有這種敏感性的理論很難同時適用於正義社會和有品社會，那麼這兩類社會之間的關係肯定不如我們想像的那麼清楚。

羅爾斯認為，正義社會建立在以下兩條正義原則之上：

A、每個人都應該有平等的權利，去享有最廣泛的基本自由權；而其所享有的基本自由權與其他每個人所享有的同類自由權相容。

B、對於社會和經濟的不平等狀況，應該調整使其滿足以下條件：（1）必須有利於社會中處於最劣勢的成員；以及（2）各項職位及地位必須在公平與機會平等下，對所有人開放。[1]

於是，問題便成為：基於羅爾斯正義原則的社會，是否與羞辱人的組織有邏輯衝突？無疑的，正義社會的精神建立在自由和合理差別這兩個原則之上，與非有品社會有根本上的衝突。但是，我們仍然可以追問羅爾斯的正義社會是否在字面意義上，而不僅在精神上，與設有羞辱人的組織的社會相衝突。

羅爾斯的正義社會關注基本權利的正義分配。這些基本權利都是所有理性的個人想要的，但不包括他們自己因個人因素可能會想得到的權利。這些基本權利包括諸如言論自由、信仰自由、遷徙自由，和選擇職業有收入和資本的自由等基本自由。在所有這些基本權利中，自尊至高無上。羅爾斯認為，自尊有兩個特徵：一是人們建立在自我價值基礎上的意識，一是他們的生活目標是值得實現的意識，伴著他們有能力實現這目標的信心，無論它有多麼遙遠。

為什麼自尊是最基本的基本權利？因為，沒有自尊，無論做什麼都沒有意義。失去自尊，一個人就沒有價值感，感覺不到生命具有意義，即「空幻的空幻，一切皆空」。想建立正義社會的理性人會竭盡全力避免創建羞辱人的組織和社會條件，就因為這些組織和條件會減損自尊這最基本的權利。此外，儘管羅爾斯的差別原則決定著，在什麼條件下可以接受偏離物質財富的基本權利的平等分配，但自尊卻沒有任何不平等的餘地。

在這裡，羅爾斯的自尊概念與我的概念不盡相同，但這不要緊。很明顯，正義社會的精神

1 John Rawls, *A Theory of Justice* (Cambridge, Mass.: Harvard University Press, 1971).（原註）

無法容忍社會基本組織有系統的羞辱。在能使人民擁有自尊的那種社會條件中，這種現象更為明顯，因為所要分配的權利列在正義社會優先清單上的第一項。倘若羞辱意指損害人的自尊，顯然正義社會的必要條件便是不羞辱其成員。

然而，一個社會中組織的羞辱是否能只針對其成員而不針對其他人？在這方面，最典型的例子當屬以色列的合作農場基布茲（Kibbutz）[2]，在其鼎盛時期曾大膽地嘗試為其成員建立一個正義社會，但對來自基布茲以外的雇工等非社會成員卻不聞不問。基布茲式的社會也許不是羅爾斯式的社會，但它的作用在於指出了，一個存在於只對其成員而不對附屬於它的非成員實行正義的社會之中的問題。對於羅爾斯而言，正義社會應建立在其成員之間的契約之上，對契約雙方而言，它承擔著正義組織的作用。在正義社會中，連處於最底層的人也都被看作是社會成員。然而，在現代世界中，最嚴重的羞辱問題往往出在不是其所生活所在社會的成員身上[3]。在當今的美國社會中，處境最不利的人可能是墨西哥非法移民，他們因沒有工作許可而成為（會想辦法掩藏他們的）雇主的農奴，甚至是奴隸。這些墨西哥人不是美國社會的成員，他們不是美國公民，他們也不能歸入美國社會處於最底層的人的群體中。

基布茲的例子給我們以啟示：社會成員之間有承諾正義並不一定具備有品社會的資格。基布茲社會在其鼎盛時期已經非常接近於一個試圖對其成員實施正義的社會，但它卻不是有品社會。許多需要與基布茲莊打交道的人，都因不是它的成員而經常感到被基布茲羞辱，並且有感到被羞辱的充足理由。因此，羅爾斯的正義社會是否屬於有品社會，必須由透過它如何對待依附於它的組織的人（即不是它的成員，如外籍工人，他們在發達國家從事苦力勞動但不是其公民）來評斷。所以，為了評價有品社會是羅爾斯的正義社會的必備條件這個觀點，我們必須澄清羅爾斯對一個社會的從屬標準，特別是在正義社會中非成員的地位。我敢肯定，根據羅爾斯的觀點，無論對於成員還是非成員而言，一個正義社會應當在實質上都是一個有品社會，但我卻不敢肯定字面意義與實質之間有多大差別。

除社會的從屬問題之外，還有一個問題需要澄清，才能確定羅爾斯的正義社會是否一定也是有品社會。羅爾斯的正義社會與社會基本組織的規則制訂之間有關聯。羅爾斯在說明他認為哪些組織不屬於社會基本組織時，提到了宗教儀式。但對於有品社會來說，宗教儀式實際上非常重要。例如，各種宗教和宗教的不同分支都排斥婦女平等、積極參加宗教儀式。婦女不能正

2 基布茲是以色列的一種常見的集體社區體制，傳統上以務農為主，現在則歷經轉型，兼事工業和高科技產業。

3 Michael Walzer, *Spheres of Justice: A Defence of Pluralism and Equality* (Oxford: Blackwell, 1983).（原註）

式擔任宗教儀式的司祭，也不能參加宗教儀式的核心活動。某些宗教團體已經開始要求婦女完全平等地參加宗教儀式。宗教儀式對婦女的排斥，相當於不承認她們在其生活非常重要的環境群體中具有完全成員的地位，它雖不意味著把婦女當作非人來排斥，卻表示否定她們的成人地位。猶太律法哈拉卡不允許婦女在有男人在場的會眾（定期去猶太會堂做禮拜的宗教群體）面前誦讀托拉（即《摩西五經》），如果其理由是「為了會眾的榮譽」，那麼顯然婦女的榮譽與男人的榮譽不完全相同。

然而，有必要確定把婦女排除出某些宗教儀式對她們的社會地位會產生什麼影響？猶太教的儀式上有一些類似司祭感恩禱告的儀式，在這個儀式中只有被視為司祭的世襲後代才能禱告，不是司祭宗族的普通猶太人不能禱告，其原因純粹是他們不屬於哈拉卡法律規定准許進行司祭感恩禱告的群體，但他們並不認為自己被羞辱、被汙辱或尷尬。可是，箇中的原由卻很簡單：成為一個司祭宗族的成員，如今在猶太人的公共生活中已沒有意義了。相反的，不允許婦女參加宗教儀式，或者不允許參加這些儀式的某些活動，在公共生活中意義卻非同小可。這種重要意義體現為在這個共同體中只有男性才有義務學習律法，而且從嚴格意義上講，只有他們才有義務定期禱告。男人與女人之間的勞動分工，就是女人不完全分享遵守戒律和履行宗教儀式的義務，因此她們不是共同體的完全成員。

這裡的問題不是有品社會是否與正義社會允許婦女參加宗教儀式方面作法有什麼不同，而是羅爾斯的正義社會概念，與作為一種社會組織的宗教儀式是否息息相關，或者這種制度是否在評價正義社會時，被視為具有相當的基礎性。有品社會在一定程度上要通過如同宗教儀式一類的組織來評斷。我們所討論的組織，在總體上不如羅爾斯以原則為特徵的組織那麼抽象。所以，問題不在於如何看待宗教儀式中對婦女的歧視現象，而是宗教儀式是否屬於組織範疇，因為與評價正義社會不同，從總體上判斷一個社會是否為有品社會時，需要評價它的組織。我們在這裡會發現：在羅爾斯的正義社會和我們的有品社會這兩種情況下，討論的範圍不盡相同。

環境群體在一個社會中的地位，是我們的有品社會概念中的重要成分。從屬一個環境群體是人們賦予其生活以意義的方式，因此，把人排除出一個合法的環境群體（從屬於宗教群體通常是合法的）必然是羞辱行為。在本書中，我已經集中討論了社會組織對環境群體的羞辱，但我幾乎沒有討論人們在其從屬的環境群體中所受到的羞辱。環境群體是個人與全社會之間的媒介，這類群體被用來養育個人，然而在現實中的這些群體卻會異化為壓迫並羞辱人。雖然我只討論合法的環境群體，但我並沒有詳細規定用什麼條件來確定某個特定的環境群體是否合法。

例如，它的組織是否有權羞辱其另類的成員。

有人會認為，在社會中從屬某個環境群體只是自願加入一個群體，任何個人都可能需要決定他是否想從屬某個注定要以羞辱人的方式來懲罰他的環境群體，例如如果違反群體的規範就會被開除。所以，對這些自願從屬的環境群體不必施加任何限制，對其社會是否能夠被視為有品社會並無影響，就如同沒有必要在ＳＭ愛好者之間禁止羞辱人的行為（即使是最糟糕的那一種）一樣，只要被涉及的個人是本人同意的成年人。

用語言來描繪個人從屬某個環境群體對其生活具有的意義（如宗教和國籍的情況）非常不現實，這種意義就像他與其他本人願意的成年人之間自由契約式的聯繫一樣。環境群體在個人的生活中之所以有這樣的力量，恰恰是它們不是市場經濟中那種人們可以來去自由的公司。這一重要的事實導致成員對它的依賴性很大，從而使環境群體對其成員實行暴君般的統治。我們在評價社會組織的行為是否羞辱人時，也必須把社會中環境群體的組織行為考慮進去。如果我們看到這些組織的自願性質不是真實的，而且其他重要的環境群體也不可能輕易接受，那麼這些組織的羞辱行為就會汙染整個社會。在這種情況下，一個有品社會一定要把自己當作社會中任何一個環境群體的受歡迎的替代，從而使個人能夠認同它，並在範圍更大的社會中建立自己滿意的生活方式。不管怎樣，評斷一個有品社會，不僅要看它的組織是否以羞辱人的方式對待環境群體，還要看環境群體的組織如何對待其成員。這正是環境群體的合法性所在，它的合法性部分取決於這些群體以不羞辱人的方式對待其成員。

依據阿爾伯特．赫緒曼[4]的理論，我們可以區分兩種環境群體的評價維度[5]。一種是「發言」維度，即個人在群體中因批評其組織和其成員所要付出的代價；一種是「退出」維度，即個人脫離該群體所要付出的代價。如果這兩種代價都很高，這個環境群體就具有壓迫性。當「發言」和「退出」的代價是羞辱時，就會是這種情況。

現在，讓我們回到有品社會和正義社會之間的關係上來。羅爾斯區分了切分經濟蛋糕的兩個特徵：一個特徵是正義分配的模式，即所有人平均分配；另一個特徵是獲得正義分配的程序，如切蛋糕的人拿最後一塊，這樣可以保證把蛋糕切成每塊大小都一致才能對他有利。

---

4 阿爾伯特．赫緒曼（Albert Otto Hirschman, 1915-2012），經濟學家與思想家。其學術生涯早期專長於發展經濟學，中後期則開始對政治經濟學以及政治意識形態做深入研究。著有《叛離、抗議與忠誠》及《反動的修辭》兩本政治學經典著作。

5 Albert O. Hirschman, *Exit, Voice, and Loyalty: Responses to Decline in Firms, Organizations, and States* (Cambridge, Mass.: Harvard University Press, 1970).（原註）

羅爾斯把完全的程序正義定義為：其中存在著一種按某個獨立於分配程序的標準建立的正義分配模式。如果程序會有效地保證產生按正義分配模式進行的正義分配，則這種程序便是完全正義的。羅爾斯將此與不完全的程序正義相區別，他把不完全的程序正義定義為一種狀態——其分配程序極有可能帶來正義的分配模式，但這種狀態必然不會真正地出現。羅爾斯認為，現實世界中只存在不完全的程序正義。

但是，分配者的行為方法也應該予以檢驗。即使分配結果也許成為該物的最佳分配，但分配者仍有可能以羞辱人的方式進行分配。因此，我曾提出即便慈善社會提供與福利社會相同的物品分配，但如果慈善社會以一種對受助者憐憫的態度來分配，而福利社會的分配方式如果是獲得受助者的權利的承認，則它們之間仍然存在根本的區別。例如，我們可能看見過在衣索比亞分配食物給飢餓人群的情景，人們把食物扔下卡車，彷彿受助者是狗一樣，但其分配結果是有效的，可以使受助者得到他們公正的份額。讓我們回顧一下，效率只可能得到一種公正的分配模式，卻不可能得到人道的分配方法，分配可以同時是既有效率也是公正的，但仍然會羞辱人。

正義社會仍會存在不好的方法，這一觀點似乎褊狹——把道德規範的大問題與禮節的小問題相混淆。但這個觀點很有遠見，它反映了一種古老的擔憂：正義可能缺乏同情，甚至會成為一種報復的表現。人們擔心正義社會陷入在死板計算什麼是正義的，卻用正義來取代簡單的人際關係中的友善和人性關懷。正義社會也應當是有品社會，這要求意味著：物品不僅應得到公正和有效的分配，還應該考慮到分配的方法。

截至目前，針對（羅爾斯的）正義社會必須也是有品社會這個觀點，我們已經提了某些不同的意見。我們已經看到：第一種意見涉及正義社會中成員資格的問題；第二種意見涉及用來判斷組織正義與否的範圍問題；第三種意見涉及分配程序——儘管本質上是正義的，但仍有可能是羞辱人的問題。然而，這三種批評意見卻無一質疑一個基本事實，即羅爾斯定義的正義社會其含義必定是有品社會。這個問題只是：從字面意義上來領會，即根據羅爾斯的準確定義，羅爾斯的正義社會是否也一定是有品社會。基於上述三種批評意見，我們的回答是：最好的情況是這一問題尚不明確，而最壞情況是認為羅爾斯的社會有可能不是有品社會，而這是正義社會所不能容忍的結果。

理想與戰略

在實現正義社會的道路上，有品社會是一個必經的階段嗎？在實現正義社會這一最高的社會理想的進程中，有品社會是一個階段性的理想嗎？除了有品社會和羅爾斯的正義社會的關係之外，似乎有品社會已成為正義社會的必備條件。還有一個問題是：在尋找真正的政治意義上的正義社會的道路上，是否一定要實際地建立一個有品社會？是否存在著有品社會將成為建立正義社會的緩和替代品的危險？用有品社會這個次佳的目標，來取代正義社會這個更佳目標，會降低人們的追求而削弱他們的鬥志嗎？

在本節中，我主要想討論有品社會和正義社會作為社會理想的主張。換言之，我會把這些主張看作是可調整的理想而非可估價的概念，並用這一觀點來考察它們之間的關係。

在實現個人和社會理想時，理想主義的戰略以政治和教育戰略為主導。理想主義的戰略就是推出一種理想，無論這種理想是我們要仿效和盡力實現的完美社會還是完美個人。社會和教育學說在它們所信奉的理想中互為對立面，但往往會分享這一理想主義戰略。「理想主義戰略」一詞是根據理想主義的最普通、最日常的用法而得來，意指為實現理想而堅定不移地奮鬥，且不考慮其過程中的障礙。它是基於無疑問地接受「最接近的假說」（approximation assumption）：假若你正在為理想而奮鬥，在前進道路上遇到了障礙，假若你忽視這障礙的存在，也許你不會實現你的理想，但你會到達距離這理想最接近的地方。這一假說的基礎是將理想圖像式地比作山峰之巔，如果存在某個東西阻礙你到達山頂，你就應該盡量接近山頂[6]。

但是，「最接近的假說」並不總是能夠成立，頗為青睞它的是創立所謂的次佳理論的經濟學家，他們開始意識到，有些時候如果實現最佳狀態存在障礙時，應採取的正確戰略並不是無視這些障礙的理想主義戰略。在經濟學理論中，這個假說被公式準確地表達出來了，但人們也很容易將其運用在其他領域[7]。為了最簡單地說明這學說，讓我們把登山的形象比喻換成一個空間模型。假設你是業餘飛機駕駛員，你的理想是到夏威夷度幾天假，但你卻發現自己飛機上並無足夠的燃油飛抵那裡；但是，試圖盡可能地接近夏威夷也許並不是一個好主意，因為這樣

6 Avishai Margalit, "Ideals and Second-Bests," in Seymour Fox, ed., *Philosophy for Education* (Jerusalem: Van-Leer Foundation, 1983), pp. 77-90.（原註）

7 R. Lipsey and K. Lancaster, "The General Theory of Second-Best," *Review of Economic Studies* (1957).（原註）

可能會導致你在太平洋的某個領域墜落。雖然你可以盡可能接近夏威夷，但距離你的度假目的地還很遠。替代的戰略就是飛到一個用你油箱裡的燃油足以到達的其他地方，比如邁阿密海岸。

聖保羅[8]相信，對男人而言，人的理想是獨身；但是如果某個人性欲很強，那他最好不要堅持單身，同時盡可能少與女人行房，這樣他才能即使實際上永遠實現不了他的理想，卻可以盡量地接近它。對他來說，最好是結婚。結婚是獨身的次佳選擇，因為它放棄了對上帝絕對虔誠的可能性；而對上帝的絕對虔誠則是最佳狀態，只有在貞潔生活中才有可能。儘管如此，結婚仍然是與女人行房的單身漢的最好選擇。

我們不敢肯定，有品社會是否是一條山脊上的一座低峰，所有向正義社會高峰攀登的人必須跨越它。儘管正義社會必須是有品社會，但實現有品社會的政治戰略，很可能會與建設正義社會的戰略大相徑庭。有品社會應當是一個應該實現的有價值的理想，實現這理想的合理性解釋並不一定是實現正義社會的必經之路，特別是我們還不能確定必經之路觀點是否正確。有品社會和正義社會的理想都是樂觀主義的理想，它們都描繪出一種比現行社會更美好的狀態。對一個理想的優越性所持的樂觀態度，並不一定導致對實現該社會理想的可能性也持樂觀態度。樂觀主義的理想是不可接受的，因為沒有理由對理想的實現持樂觀態度，這是政治上的保守主義觀點，或者說一種謬論。我不認為這是一個對理想持懷疑態度的充足理由，因此我堅持對正義社會的樂觀主義理想。但我對建立有品社會的可能性，比實現正義社會的可能性持更樂觀的態度。

正義社會的理論和關於有品社會的一個故事

我一直避免使用「理論」的標籤來介紹我對有品社會的討論。理論這個詞是一個模糊的概念，我想對這個詞的用法、特別是涉及（羅爾斯的）正義理論這詞組做點備註，旨在強調我所討論的有品社會的地位。

在被稱為理論的體系中，有兩個數學模型：一個是希爾伯特[9]模型，另一個為哥德爾[10]模

8 聖保羅（St. Paul），是基督徒的第一代領導者之一，他首創向非猶太人轉播基督的福音，所以被奉為外邦人的使徒。在諸多參與基督教信仰傳播活動的使徒與傳教士之中，保羅通常被認為是在整個基督教歷史上最重要的兩個人之一。《新約聖經》諸書有許多是由他所寫。

型。讓我來加以解釋一下。數學可以分為兩部分：一部分為人們所熟知而且憑直覺能夠理解，包括有窮盡的自然數；另一個部分只能以一種形式在邏輯的、錯列組合的意義上才能理解，即通過它與憑直覺可以理解的部分的聯繫而從這部分中分解出來。希爾伯特模型就是建立在這個兩分法的基礎之上，這是一個被邏輯實證主義者，特別是賴欣巴赫[11]和卡爾納普[12]，用來建構他們的科學理論時所採用的模型。每個名副其實的科學理論也因此都由兩個部分所組成——完全可以直接理解的觀察成分，和必須按照把它與觀察成分連結起來的規則來理解的理論成分。

羅爾斯的正義理論中所體現的哥德爾模型，則是建立在哥德爾著名的不完備定律之上。在這個定律的證明中，我們假定我們具有一個完整的、獨立於理論的所有真算術公式表，同時還具有一個用來推導算術定律的公理體系（算術的和邏輯的）。問題的關鍵是：能從給定的公理中邏輯地推導出來的定律的總和，是否與我們在前面假定存在的真算術公式完全一致。哥德爾著名的答案是：這兩個表並不相同，他證明了一個無法從公理中推導出來的真公式。

哥德爾的結構被喬姆斯基[13]用來創造了一個被稱作是經驗主義的理論。喬姆斯基一方面假定我們可以創造一個完全的、獨立於理論之外，而且我們認為是合乎語法的所有的句子清單；另一方面，我們有一套語法，供我們運用其規則來推導出合乎語法的句子。然後，我們將推導出來的這些句子與清單上的句子進行比較，並根據它們之間的誤差程度來判斷這個語法是否為適合我們語言的理論。通常，我們應當調整語法以適合憑直覺判斷的句子清單，但我們完全有理由在必要時（即如果憑直覺的判斷與我們的其他判斷不吻合）調轉雙方相互適應的方向，理論在某些時候會引導我們改變我們憑直覺的判斷。

羅爾斯也採用了哥德爾的模型來解釋正義社會作為公正社會的判斷：我們對分配基本權利的各種安排的公正性，既有憑直覺判斷的一面，也有從一系列原則（「理論」）推理出來的對正義的分配安排的判斷。在一個很成熟的經驗理論中，對獨立於理論的清單的判斷佔有基

---

9 大衛．希爾伯特（David Hilbert, 1862-1943），德國數學家，因發明了大量的思想觀念（例如不變數理論、公理化幾何、希爾伯特空間）而被尊為偉大的數學家。

10 庫爾特．哥德爾（Kurt Gödel, 1906-1978），出生於奧匈帝國的數學家、邏輯學家和哲學家，二十世紀最偉大的邏輯學家之一，其最傑出的貢獻是哥德爾不完備定理和連續統假設的相對協調性證明。

11 漢斯．賴欣巴赫（Hans Reichenbach, 1891-1953），德國哲學家，邏輯實證主義代表人物。

12 魯道夫．卡爾納普（Rudolf Carnap, 1891-1970），德國裔美國分析哲學家，經驗主義和邏輯實證主義代表人物，維也納學派的領袖之一。

13 諾姆．喬姆斯基（Noam Chomsky, 1928-），美國語言學家、哲學家、邏輯學家、政治評論家，他的生成語法被認為是對二十世紀理論語言學研究的重要貢獻。

礎性地位。因此，理論必須根據這些判斷來調整，判斷是用來解釋理論的數據。然而，在羅爾斯的理論中，從理論推理出來的判斷與獨立形成的判斷之間，卻存在著互相調整的空間。一個人的直覺會被他的理論所引導，羅爾斯將這種互相調整的狀態稱為反思均衡（reflective equilibrium）。

羅爾斯在他理論的哥德爾結構上加入了一個新的思想：理論以其從理論推導出來的判斷，也是辨明博弈理論狀態中（理性的博弈者正在談判，為正義社會建立一個他們大家都贊成的憲法）的動態的論據。對制定憲法這場博弈的限制是：它無法接受在合法化辨明憲法的論據中使用的、包括關於博弈者社會地位的專門訊息的前提條件（這是羅爾斯的無知之幕〔Veil of ignorance〕的非形而上學的解釋）。這一限制並不意味著博弈者不得不在心理上無視他們所決定的各種社會安排中的可能位置，而是希望他們能像一個在判決過程中聽取不被承認的證據的法官一樣的作為，法官在做出判斷時卻可以不使用這一證據。與此同時，羅爾斯不允許制訂憲法的參與者使用涉及他們個人立場的訊息。換言之，即嚴禁使用建立在參與者特定性格的訊息基礎上的論據，來說明憲法的合理性。

但是，我們要研究的理論還存在第三種重要形式，它與我們目前的討論直接相關。這是由法蘭克福學派提出的批判理論的模型，這個模型最突出的例子就是馬克思和佛洛伊德的理論。他們的理論具有解放和救贖的目的，他們要把人們很大程度上從自己所造成的壓迫中解放出來。這理論認為，批判理論其實也是關於判斷的理論：它們批判現有的判斷，認為它們屬於在壓迫條件下所形成的判斷，並在它們的位置上提出自由人做出的判斷。批判理論是關於人的判斷的理論，人的理論本身就需要解放。它是一種反思理論，把自身作為理論本身的論題。檢驗這個理論的標準是：解放了的人民是否願意接受它。在哥德爾模型中，對獨立的清單的判斷是一個理論的真理性的最終判斷，在羅爾斯的理論中則存在一個互相調整的空間；而對於批判理論來說，調整的方向不是從理論指向判斷，而是從判斷指向理論，判斷由理論來決定，並且成為對無私的人的獨立判斷。

從表面上看，對有品社會的理解也許還需要批判理論，但我不認為我在本書中所運用的是批判理論，更談不上其他任何理論。我沒有理論。我只是提出有品社會的藍圖，其部分建立在源自於對尊重和羞辱語境的概念分析基礎之上。在分析這些可評價的概念時，我沒有遵循我們的語言中這些詞語最常用的用法，比如我很清楚羞辱一詞最常用的用意並不是把一個人排除出人類家庭，而是指將一個人的社會地位降低到更低卑的位置上。對一個在軍隊中犯法的士兵進行公開降級（如德雷福斯[14]案件），是可以使用羞辱一詞的範例。羞辱的另一個常用用法是使人的社會志氣委靡，就如同在選舉中慘敗的候選人把自己看作是被選民拋棄一樣，雖然他肯定不會認為自己已經被人類拋棄了。

我所使用的羞辱一詞的含義（排除出人類家庭）也存在，而且被經常用於已經處在社會最底層，以至於沒有再低的位置可以用來降級的那部分人的降級情況，例如對受刑人、軍隊的新兵、無助的殘障人士、失業者，和窮人的羞辱。我提出的語境不僅是一個武斷的決定，把某種意思強加於某些詞彙，而且也沒有依據這些詞的第一用法或最常用的用法。我說的是解釋上的第一用法，而不是歷史上的第一用法。在一個詞的用法上，如果它的第一用法是用來解釋第二用法而非反向時，那麼它的第一用法就比第二用法更具有第一用法的性質。

我在這裡所提供的不是一種理論，而是關於有品社會的故事，這個故事的主人公是概念。它不是一個中世紀式的那種將榮譽和羞辱都人格化成角色的寓言；而是一個故事，其中概念仍然是概念，所得到的圖景屬於一種烏托邦式的圖景，是用來批判現實的烏托邦圖景。

本書使用的概念中隱藏著一個危險，它們來自道德和政治演講中所使用的以崇高為目的的花言巧語：諸如榮譽和羞辱這些概念的煽情功能，必然會使對有品社會的討論變為許多誇張之詞——一種與真理無關但卻製造溫暖、激動的氣氛的討論[15]。另一個危險是這種討論可能會陷入傳教的泥淖，即成為一個與真理不一定相符但沒有必要論證的演講。但我相信，一種有知識的演講並不一定是理論上的，而是遠離做作的傳教或吹噓。

我在有品社會的研究中所使用的基本概念，如尊重、羞辱等，都是一些需要進行超越其含義本身的分析的概念。在含義的說明中，我們所需要補充的是對感性的說明。當威廉・詹姆斯[16]解釋「或者」（or）這概念的含義時，他提到，這是你站在十字路口並且需要決定向左還是向右時的感覺，「或者」是你在岔路口時所感覺到的猶豫。我認為，對一個概念的邏輯理解，並不需要我們感覺到任何東西。在「或者」的例子中，我們沒有感覺到任何東西；但如果我們想把「生存或者毀滅」（to be or not to be）不解釋為邏輯的同義反復，而解釋為一個核心存在

---

14 阿爾弗雷德・德雷福斯（Alfred Dreyfus, 1859-1935），一名法國猶太裔炮兵軍官，一八九四年他被誤判為叛國，稱為德雷福斯事件，後來在一九〇六年被平反。

15 Harry G. Frankfurt, "On Bullshit," in Frankfurt, *The Importance of What We Care About* (Cambridge: Cambridge University Press, 1988), pp.117—134.（原註）

16 威廉・詹姆斯（Willam James, 1842-1910），美國哲學家、心理學家。他的弟弟亨利・詹姆斯是知名作家。他和查爾斯・桑德斯・皮爾士（Charles Sanders Peirce）一起建立了實用主義，被譽為「美國心理學之父」。

問題，那麼，與莎士比亞所使用的「或者」一詞相關的情感和心境，對於理解它將是至關重要的。這裡，對「或者」的邏輯理解是不夠的，我們追求用「感性」的語境來理解它，用它來表達在理性和感性之間存在著一種系統的關聯。本書中的核心概念使用了感性的所有含義，雖然這概念在建構理論時特別難以採用，理解它們需要的是解釋而不是假設。道德概念不是典型的情感用語，但它們是感性的語境。我已經用感性的含義描繪了有品社會的語境，我們要盡量努力使它們也具有理性的道理。

國家圖書館出版品預行編目 (CIP) 資料

有品社會 ／阿維賽 . 馬格利特 (Avishai Margalit) 著 ;
黃勝強 , 許銘原譯 . -- 初版 . -- 臺北市 : 大塊文化 , 2020.07
面 ;　公分 . -- (walk ; 22)

譯自 : The decent society.
ISBN 978-986-5406-90-5(平裝)

1. 社會正義

540.21　　109007896

LOCUS

LOCUS

LOCUS

LOCUS